홍석현의

한반도
평화
만들기

동북아시아의
평화와 번영을
위한 길

나남
nanam

나남신서 1924

홍석현의
한반도 평화 만들기
동북아시아의 평화와 번영을 위한 길

2017년 7월 15일 발행
2017년 7월 25일 2쇄

지은이   홍석현
발행자   趙相浩
발행처   (주) 나남
주소   10881 경기도 파주시 회동길 193
전화   (031) 955-4601 (代)
FAX   (031) 955-4555
등록   제 1-71호 (1979.5.12)
홈페이지   http://www.nanam.net
전자우편   post@nanam.net

ISBN 978-89-300-8924-1
ISBN 978-89-300-8655-4 (세트)

나남신서 1924

홍석현의
한반도
평화
만들기

동북아시아의
평화와 번영을
위한 길

나남
nanam

머리말

흔히 "위기는 기회"라고들 한다. 특히 동아시아의 복잡한 지정학적 퍼즐을 바라보며 국외자들이 깊은 생각 없이 툭 던지는 해법들이 대체로 "위기는 기회"라는 말이다. 오늘날 동아시아가 커다란 위기에 처한 건 분명하다. 문제는 우리가 마술봉을 휘둘러 그것을 기회로 바꿔 놓을 방법이 있느냐는 점이다. 결코 간단한 일이 아니다.

그 표현의 한자 의미를 살펴보자. '위기(危機)는 기회(機會)'라는 한자 성구가 따로 존재하는 건 아니다. '기회'(중국어 지후이)와 '위기'(웨이지)에 모두 이 한자 '기'(機)가 들어감에 따라 만들어진 표현일 뿐이다. '기'는 어떤 일의 분기점을 가리킨다. 일이 진행되다 갈림길을 맞는 순간이다.

일의 방향이 바뀔 수 있는 중요한 분기점이라고 해서 위기가 반드시 기회가 되는 건 아니다. 역사적으로 볼 때 위기는 오히려 더 큰 위기의 서곡에 불과한 예가 많았다. 오늘날 세계 곳곳에서 벌어지는 사건들을 보더라도 위기의 '증폭성'이 더 일반적 성향임을 알 수 있다. 터키나 시리아, 그 밖의 여러 곳에서 작은 위기들이 더 심각한 문제를 불러 세계 질서를 위협하고 있다. 위기가 기회로 급변해 긍정적인 방향으로 나아가는 사례는 극히 드물다.

오늘날 국제관계의 암울한 상황은 확고한 접근법을 선택해 첫 단추를 잘 꿰는 것이 중요함을 깨우쳐 준다. 위기가 자기 논리, 이를테면 열역학 제2법칙(무질서도는 항상 증가한다)에 따라 달려가며 관성을 얻도록 놔둬서는 안 된다는 말이다. 역사적 갈림길에서 어떠한 사건이 발전적 방향으로 방향을 튼 첫발을 내딛을 수 있도록 활용할 수단을 먼저 찾아야 한다. 동아시아의 평화와 번영을 보장하기 위한 정책 제안에 앞서 꼭 필요한 것이 그것이다.

사려 깊은 외교관, 요령 있는 경영자, 냉철한 군 지휘자, 유능한 정치인이 참여하는 것만으로는 충분하지 않다. 역사의식과 미래에 대한 비전, 투철한 국가관, 엄격한 윤리규범 등을 갖추는 게 절대적으로 필요하다.

당연한 말이지만 위기를 기회로 바꾸는 것은 대단히 어려운 일이다. 한·중·일 삼국 관계도 그렇지만 무엇보다도 북한 포용 문제가 그렇다. 한국전쟁 이후 남·북한은 대치를 지속해 왔다. 그러다 2000년 김대중 대통령이 평양을 방문해 북한 지도자 김정일과 정상회담을 가짐으로써 역사적인 돌파구가 열렸다. 많은 제안이 나왔고 그중 상당수가 실제로 이행됐지만 안타깝게도 근본적인 변화가 일어나지도, 많은 사람이 바랐던 발전적 기회가 생기지도 않았다.

우리는 남·북한 이산가족 상봉을 지켜보며 깊은 감동을 받았다. 남·북한 군(軍) 당국자 간 정례 회담으로 긴장이 완화되고 신뢰가 구축되리라 기대했다. 북한 땅에 남한 기업들이 공장을 열고 북한 근로자들을 고용한 개성공단의 성공에 기뻐했다. 그리고 그런 경제적 실험이 향후 급속도로 확대되리라 예상했다. 문화 교류를 대폭 늘리기 위한 방안도 마련됐다. 비무장지대(DMZ)를 사이에 두고 대치하던 남·북한 사람들에게서 화해와 교류의 열정이 느껴졌다. 당시 내 마음속에는 이제 우리가 반환점을 돌았다는 데 추호의 의심도 없었다.

그러나 기회는 다시 위기로 전락했다. 사소한 오해에 기인한 북한의 도발은 군사분계선 일대에서 적대행위를 유발했고, 이는 북한 내 군사활동의 증가, 본격적인 핵무기 프로그램 개발, 연이은 핵실험으로 이어졌다. 이제 개성공단도 북한 금강산 관광특구에 이어 완전 폐쇄됐다. 남·북한 주민 간 교류도 중단됐다. 더 나은 미래가 가까워졌다는 믿음을 키웠던 13년 전의 갖가지 선의(善意)는 물거품처럼 사라진 듯하다.

한·일 관계도 마찬가지다. 김대중 정부 말기 양국 간 문화교류가 크게 늘었다. 일본인들은 한국 TV 드라마에 푹 빠졌고, 한국인들은 처음으로 일본 망가(만화)와 영화를 마음껏 즐겼다. 2002년 한·일 월드컵축구대회 당시 분출된 경이적인 열정으로 양국 간 스포츠·문화 그리고 특히 청년 세대의 광범한 교류의 문호가 활짝 열렸다.

　그러나 한국인들이 일본 문화에 훨씬 더 마음을 열었음에도 불구하고, 많은 사람이 기대했던 극적인 관계 개선은 여전히 이뤄지지 않고 있다. '위안부' 문제 해결을 위해 공식 합의를 했지만, 불신의 벽은 여전히 높다. 최근 부산의 일본 총영사관 앞에 세워진 위안부 소녀상으로 외교적 갈등이 빚어지는 한편, 국내에선 2016년 한·일 군사정보보호협정(GSOMIA) 서명에 반대하는 항의시위가 벌어졌다.

　남·북한 간 화해와 신뢰구축 기회를 살려 나가지 못하고 놓쳐버린 것은 안타까운 일이다. 한·일 양국이 많은 사람이 예상했던 광범위한 동반자 관계를 구축하지 못한 것도 막대한 손실이다. 요즘처럼 초고도(超高度) 연결사회에서 관계강화 논리는 흠잡을 데 없이 완벽했다. 양국이 많은 혜택을 볼 수 있었다. 그러나 궁극적으로 그것은 논리의 문제가 아니었다.

　왜 과거의 돌파구를 충분히 활용할 수 없었는지 모르겠다. 한 가지 확실한 것은 관계자들의 능력 부족, 자본 부족, 정책 부족, 또는 열의 부족 탓은 분명 아니었다는 것이다. 실패는 보다 더 복잡한 데서 기인했다. 어쩌면 모두의 공감을 이끌어 낼 만한 상상력·창의력·용기를 가지고 새로운 비전을 제시하는 사람이 충분하지 않았기 때문이었을지 모른다. 진보적인 대통령들이 얻어 낸 합의를 보수 진영에서 받아들일 수 없을 정도로 한국 사회가 이념적으로 심각하게 분열됐던 까닭일 수도 있겠다.

한·일 협력을 확대하기 위한 노력도 다르지 않다. 2000년을 전후해 일본을 재발견하고 양국 간에 새로운 발전적 관계를 형성하고자 하는 한국 청년들의 열기가 뜨거웠다. 하지만 정부관계의 일부 측면만 개선됐을 뿐 민간 교류는 커다란 진전으로 이어지지 않았다. 한국인들은 일본 영화에 깊게 빠져들지 않았고, 일본인들은 10년 전만큼 한국 드라마에 열광하지 않는다. 또한 양국 정부 간 위안부 문제 합의로도 양 국민 간 거리는 좁혀지지 않고 있다.

중·일 관계도 양 국민 간의 적대감이 커지는 등 긴장이 더 고조됐다. 중국인들이 보는 일본은 아시아 지배 야욕을 가진 제국주의 강대국이다. 일본인들은 중국이 갈수록 일본 경제를 위협하고 있으며 군사적으로도 직접적인 위협요인이 되고 있다고 생각한다. 2016년 9월 일본은 남중국해에서 미국과 연합훈련을 시작해 긴장을 크게 고조시켰다. 양국 정부의 시각이 갈수록 벌어지면서 양국은 국방 예산을 크게 늘리고 있다.

북핵 프로그램을 둘러싼 갈등이든, 미국 고고도미사일 방어체계(THAAD, 사드)의 한국 배치에 관한 중국과의 불화든, 또는 도널드 트럼프 미국 대통령 정부와 시진핑 중국 주석 정부 간의 더 큰 잠재적 갈등이든 전반적으로 긴장이 고조되고 있다. 더욱이 글로벌 경제의 전반적 침체를 감안할 때 통상 문제를 둘러싼 분쟁 가능성은 심각한 우려를 불러일으키고 있다. 분쟁 확대와 관계 악화의 비관적인 측면을 강조하는 언론 보도가 이어지고 있다.

하지만 나는 동아시아가 변함없이 커다란 잠재력을 갖고 있다고 본다. 새로운 각도에서 지역 전체를 바라보거나, 때로는 그림 전체를 거꾸로 뒤집어 볼 필요가 있다. 긴장이 고조되면서 지역 내에 우려도 커지고 있는 게 사실이지만 동시에 관심을 갖는 사람, 해법의 필요성을 느껴 그것을 찾으려는 사람도 따라서 늘어나고 있다.

최근의 경기침체로 동아시아 전역에 걸쳐 지역적으로 많은 정책의 진지한 재평가가 이뤄지면서 새로운 협력과 혁신의 기회를 불러올지 모른다. 무역에 대한 트럼프 정부의 급진적 변화 요구는 커다란 위기를 초래했다. 그러나 솔직히 말해 그런 요구는 또한 무역에 관한 우리의 정의(定義)를 다시 생각해 보게 하고, 무역에서 어떤 이슈가 우리에게 가장 본질적인지에 사고의 초점을 맞추는 계기가 됐다.

위기를 기회로 바꾸는 마법(魔法)의 공식은 없다. 프로젝트나 조약, 컨소시엄 등을 장기적인 성공으로 이끌 수 있는 특별한 접근법도 없다. 그러나 창의력을 키우고 협력을 확대한다면 현재의 문제에 제대로 대처할 수 있는 방법이 있을 것이다. 보다 장기적인 안목으로 시야를 좀더 넓히고, 모든 당사자들의 진정한 필요와 우려를 모두 인정한다면 보다 발전적으로 나아가는 데 도움이 될 만한 통찰력 있고 미래지향적인 계획을 수립할 수 있을 것이다.

그러한 지점에 이르는 데 가장 중요한 열쇠는 협상력이나 군사력, 경제력이 아니다. 조금씩 작용을 할 수는 있지만 결정적인 요인은 아니다. 위기를 기회로 바꾸는 근본적인 변화를 이끄는 데 문화의 역할을 과소평가해서는 안 된다. 문화는 다양한 형태로서 보다 깊은 대화의 밑거름이 된다. 또한 보다 높은 차원에서 생각하고 보다 원대한 무언가를 추구하도록 영감을 주는 데 절대적인 역할을 한다고 믿는다.

바로 그런 점이 내가 1999년 '세계문화오픈'(WCO)이라는 기구를 창설한 이유 중 하나다. 문화 활동을 통해 외교와 정치·경제적 교류에 혁신적 돌파구를 마련할 수 있는 공간을 구상한 것이다. 공감대를 형성하거나 공동 관심사를 추구하고, 미래 비전을 설계하는 것들은 뜻대로 되는 것만은 아니다. 하지만 시민과 지도층을 위해 예술적 창의성이 정책수립 과정으로 흘러들어가게끔 하는 공간은 우리가 만들 수 있는 것이다.

요즘 같은 글로벌 시대에는 국가 간 협력이 중요하며, 그중에서도 문화적 협력이야말로 늘 까다로운 국가 간 문제에서 해결책을 이끌어 내는 최선의 방법이다. WCO에서 우리는 참가자들에게 예술과 음악, 기타 미디어를 통해 보다 구체적이고 효과적인 방식으로 조화와 공존에 관해 생각하도록 유도한다. WCO는 상호 존중, 상호 교류와 대화, 그리고 협력정신 공유의 가치 확산을 위해 노력한다.

문화는 우리의 사고를 바꾼다. 문화는 우리가 처음 방에 들어설 때와는 다른 생각을 갖고 방을 나갈 수 있게 만드는 잠재력이 있다. 그런 잠재력은 외교 분야에서 특히 가치를 지닌다. 사고방식을 변화시키는 것은 거래협상에서 특정 수요에 맞추는 것보다 훨씬 더 어려운 일이다. 우리는 국제관계에서 무역과 금융을 가장 중요한 관심사로 보는 경향이 있지만 정말 중대한 변수는 우리가 문제를 생각하는 방식, 우리의 추론과 논리 패턴이다. 그것은 문화를 통해 해결할 수 있는 문제이지 변호사나 협상가를 통해서 할 수 있는 게 아니다.

우리 사고가 더 근본적으로 바뀌지 않는 한 진정한 정책 변화는 불가능할 것이다. 당신이 영감을 불어넣어 주는 습관과 창의적인 사고방식을 갖고 있다면, 당신이 속한 집단의 구성원들을 격려해 발전을 이룰 수 있다는 생각, 자신의 작은 행동이 발전을 가져올 수 있다는 생각을 하게 만들 수 있다. 새로운 탐구와 실험 노선을 추구할 강한 인센티브가 생기게 되는 것이다.

반면 구성원 대다수가 아무것도 바꿀 수 없고, 시스템은 고정돼 있으며, 유연성이 전혀 없다는 생각을 하고 있을 경우 주어진 일 이상의 뭔가를 이루려는 인센티브가 사라지게 된다. 고도로 훈련된 외교관·군 장교·정치인 수백 명이 있다 하더라도 그들의 사고가 바뀌지 않는다면 거의 아무것도 이루지 못할 것이다. 일을 빨리 마치고 귀가할 생각만 하는 구성원들과 아무리 회의를 오래 한다 한들 무슨 소득을 얻을 수 있겠나. 어떤 회의든 그 분위기와 회의실 전체에 흐르는 문화가 결정적 변수가 되는 것이다.

정책보다 문화의 중요성이 낮아 보이지만, 사실상 협상 관계자들의 문화가 근본적으로 바뀌지 않으면 정책은 이차원적인 문제로 전락하고 만다. 세상에 좋은 아이디어와 그것을 실행할 수 있는 아주 유능한 사람들이 많다는 건 주지의 사실이다. 그러나 그런 아이디어는 아직 실행되지 않았으며 가능한 바에 대해 더 큰 영감을 줄 수 있는 비전에 연결돼 있지도 않다.

상황을 반전시켜 교착상태인 협상에 서광(曙光)을 비출 수 있는 기적적인 비책(祕策)이 있다는 뜻은 아니다. 내가 말하고 싶은 것은 동아시아 외교에 중대한 돌파구를 열 수 있는 가능성이 남아 있다는 것이다. 그리고 최근의 지역적 긴장에도 불구하고 그 잠재력은 사라지지 않았다. 그러나 우리가 무엇을 하려는지, 어떻게 할 것인지, 그리고 무엇보다도 왜 하는지를 먼저 심사숙고해야 한다. 그런 토론의 밑거름이 되는 문화를 바꿀 수 있다면 뜻하지 않은 장소, 어쩌면 바로 우리 눈앞에서 해법을 찾게 될지 모른다.

문화적 활동, 그리고 바닥에 깔려 있는 문화적 요소에 비춰 이 까다로운 문제들을 살펴보면, 부정적인 흐름의 방향을 바꿔 놓고 자신감과 낙관주의를 다시 키울 수 있는 기회가 생긴다. 또한 그 과정에서 동아시아의 미래에 관해 훨씬 더 폭넓고 다양한 토론 문화가 형성돼 궁극적으로 통합에 관한 의미 있는 컨센서스에 도달할 수 있게 될 것이다. 안타깝게도 지난 15년간 그런 컨센서스가 결여돼 있었다. 최근의 긴장 고조는 우리가 이 같은 노력을 당장 시작해야 한다는 것을 웅변한다.

이 책에선 우리가 어떻게 대화의 본질 자체에 변화를 줄 수 있을지, 어떻게 동아시아 국가들의 소통방식을 개선해 참신한 사고방식을 형성할 수 있을지에 대해 구체적인 제안을 제시하고자 한다.

제1장에선 혁신적 접근법이 구체적으로 무엇인지 이야기한다. 그리고 외교·정치·시민사회에 어떻게 그런 환경을 조성할 수 있을지 구체적 사례를 제시한다. 비전을 가진 리더십(정치뿐 아니라 사회 전반에 걸쳐)이 얼마나 중요한지를 설명한다. 그리고 제2차 세계대전이 끝날 무렵의 초기 유럽 대통합 지지자, 18세기 말 필라델피아의 제헌회의에 참석한 미국 '건국의 아버지들'의 미래지향적인 사고를 예로 든다. 동아시아 지도자들이 그런 혁신적 비전을 받아들일 수만 있다면 아시아의 미래가 어떻게 달라질 수 있을지 상상해 본다.

제2장은 문화, 그리고 문화적 제도와 활동이 동아시아 지역의 국제관계 재편에서 얼마나 중요한 역할을 수행할 수 있는지에 초점을 맞춘다. 이 주제에 관한 내 견해는 공공외교와 관련된 전통적인 주장을 넘어 민간 교류의 필요성을 뒷받침하는 설득력 있고 감동적인 사례를 제시한다. 내가 기획하여 북·중, 그리고 북·러 국경 현장을 탐사했던 두 차례의 '평화 오디세이'(Peace Odysseys)에 대한 상세한 설명은 국제관계에서 문화가 얼마나 중요한지를 강조하는 내 주장을 뒷받침할 것이다.

제3장은 동아시아 지역 내 거버넌스의 위기, 그리고 그런 위기가 많은 개혁 시도를 어떻게 저해했는지 분석한다. 커뮤니티를 형성하고 여론을 주도하는 소셜미디어 같은 수단의 확산 등 현대의 기술적 변화, 그리고 이런 기술적 변화가 어떻게 지역의 거버넌스 방식을 재편할 수 있는지 심도 있게 해부한다. 또한 중·미 관계의 중요성, 그리고 두 초강대국 간 '그랜드 바겐'의 필요성을 제시한다. 끝으로 거버넌스 문제가 어떻게 남·북한의 이견 해소를 막는 걸림돌이 돼 왔는지에 초점을 맞춰 남·북한 관계를 살펴본다.

제4장은 동북아 평화와 안정 확보 노력을 오랫동안 저해해 왔던 북한 문제의 핵심을 살펴본다. 나는 과거의 접근방식, 특히 다른 현안들을 제쳐 두고 핵문제를 모든 대북 관계의 중심에 두는 방식이 6자회담의 실패로 상징되는 현재의 외교적 교착상태를 초래했다고 본다. 그러나 6자회담을 폐지하기보다는 범위를 확대해 동아시아를 더 평화롭고 안정된 미래로 이끄는 데 필요한 문화 등 모든 분야 관계자를 참여시켜야 한다고 믿는다. 이런 측면에서 이 책은 처음부터 북한 문제를 궁극적으로 어떻게 해결할 수 있는지에 관한 야심적 결론으로 독자를 이끈다.

끝으로 앞선 장들에서 펼친 비전을 어떻게 실현할 수 있는지에 관한 구체적인 계획으로 책을 마무리 지을 것이다.

우리가 어떻게 평화롭고 번영된 동아시아를 향한 토대를 마련하고 광범위하게 이해당사자들을 끌어들여 그 과정을 뒷받침할 수 있을까? 나는 이 책이 그에 관한 토론의 기폭제로서 유용한 밑거름이 될 수 있기를 진심으로 희망한다.

우리는 동아시아 전역에서 새로운 도전에 직면해 있다. 고령화 사회로부터 기후변화 위협에 이르기까지 더 대담하고 새로운 접근 방식을 요구하는 도전들이다. 이 같은 새로운 위기를 기회 삼아 우리가 협상 테이블로 돌아가 과거의 제한적 어젠다를 뛰어넘는, 새로운 영감을 불러일으키는 해법을 찾을 수 있는 발판으로 만들었으면 하는 바람이다.

2017년 여름

홍석현

한반도 평화 만들기

동북아시아의 평화와 번영을 위한 길

차 례

제1장
동북아의 혁신적 대화를 향해

오늘날 동아시아는 심각한 위기에 직면해 있다. 기존질서가 급속히 붕괴되고 있지만 이를 대신할 확실한 시스템은 떠오르지 않는다. 사람들은 세계화와 급속한 기술변화가 낳은 경제적 혼란과 사회변혁을 어떻게 받아들여야 할지 몰라 혼란에 빠져 있다. 많은 나라에서 국가주의적 구호가 정치담론의 핵심을 이루고 있다. 이 같은 도전은 정책 입안에 마비를 초래할 만큼 심각하다.

미래는 예측 가능하지 않고, 시민들은 표류하고 있으며, 정치권은 깊이 분열돼 온건파들이 갈 길을 찾지 못하고 있다.

하지만 우리는 좌절하지 말고 계속 앞으로 전진하며 포용적이고 포괄적인 동북아의 미래 비전을 제시해야 한다. 한국과 동아시아의 미래를 내다보는 시각이 극심한 편차를 보이고 있는 점을 감안할 때 이 책에서 제시되는 아이디어는 불가피하게 도발적이면서도 건설적이고, 기이하면서도 영감을 주는 것으로 받아들여질 것이다.

내가 말하는 동북아의 미래 비전이 유일한 정답이라고 주장하려는 건 아니다. 이 책이 평화롭고 통합된 동북아 비전을 제시하려는 유일한 시도도 아니다. 많은 연구소들의 책장에 다양한 제안들이 담긴 보고서들이 이미 숱하게 꽂혀 있다.

여기서 의도하는 바는 단순히 미래 동북아 질서의 청사진을 제시하려는 것이 아니라, 몇몇 초기 단계의 시도들을 현실적으로 평가하고 동북아 각국의 불가피한 정치 변동에 영향받지 않는 균형 잡힌 대안을 제안하려는 것이다.

인간 본성에 내재하는 선의(善意)에 호소하는 이 책은 수년 또는 수십 년에 걸쳐 국내 정치 또는 국제 외교의 협량함과 근시안적 사고를 뛰어넘는 평화정착 공정을 수립해 교착상태에 빠진 고위급 회담, 대표적으로 6자회담으로 알려진 방식을 뛰어넘을 수 있다고 제안한다.

이 책은 협상에 효과적인 다자구도와 장기적인 미래 구상 없이는 동북아의 평화롭고 안정적인 미래를 기대할 수 없다는 가정에서 출발한다. 그런 다자구조는 진부하고 본질적으로 제한된 6자회담 형식을 뛰어넘어야 한다. 동시에 정책 입안자들이 그런 혁신을 현재 진행 중인 과업의 연장으로 받아들일 만한 범위 내에서 이루어지도록 기존 제도와 관행에 밀접해야 한다. 그런 연결고리 없이는 그 어떤 훌륭한 아이디어라도 실제 정책으로 구현되는 데 필요한 현실성이 결여된 제안서 더미 속에 파묻히고 마는 것이다.

그런 새로운 다자구조의 비전은 당파성(黨派性)을 띠어서는 안 된다. 특정한 정치인의 유산으로 인식돼서도 안 된다. 그것을 원하는 정치인이 많다는 점을 특히 경계해야 한다. 공감대를 형성하려는 과거의 많은 노력이 뿌리 내리지 못한 것도 특정인 개인과 국가의 미래가 지나치게 직접적으로 연결됐기 때문이다. 그 비전은 본질적으로 한국이나 미국·중국·일본 등 어느 한 나라의 구상으로 여겨져서도 안 된다. 특정 국가의 어젠다에 부담이 없는 강력하고 책임감 있는 리더십이 필요하다.

그런 목표의 달성은 거의 불가능해 보인다. 하지만 역사를 돌이켜 보면 그 같은 역사적 업적이 가능했던 순간들이 있었다. 예컨대 유럽에서는 제2차 세계대전 이후의 10년이 유럽연합(EU)의 창설로 이어졌다. 우리의 역사적 배경을 뛰어넘어 그런 원대한 이상을 포용할 수 없다고 단정해 버린다면 시도해 보지도 않고 우리의 잠재력을 과소평가하는 셈이 된다. 그런 점에서 동북아의 긴장이 고조됐기 때문에 의미 있는 외교를 펼칠 수 없다고 단정하는 것은 잘못이다. 어쩌면 긴장이 그만큼 고조됐기 때문에 역사적인 돌파구가 가능할지도 모른다.

성패를 좌우하는 요인은 부지기수다. 그리고 향후 수십 년 동안 동북아 통합이 어떤 식으로 전개될지 예측하기도 쉽지 않다. 그나마 가장 가능성이 큰 성공의 수단은 서방 그리고 과거의 동북아 안보와 경제구조를 본받아, 거기서 예측될 수 있는 문제와 잠재적 기회에 대비하는 것이라고 말하고 싶다. 사이버 보안과 무인기(無人機) 위협, 그리고 기후변화 적응과 억제 등 지난한 과제들에 대한 대책 수립 과정에서 공동 어젠다를 형성하고 과거 선례를 재해석할 가능성을 찾을 수 있을 것이다.

동북아 안보와 외교의 설계는 작곡(作曲) 과정에 비유할 수 있다. 기존의 또는 새로 제시된 곡의 모티프에 변화를 주고 장조 또는 단조 화음을 넣어 새로운 악절(樂節)을 만들어 내 전에 드러나지 않던 연상과 의미를 새롭게 부여하는 식이다. 동북아 외교안보에서 안보의 개념은 지난 10년 사이 훨씬 협소해지고 엄격해졌다. 따라서 논제의 범위를 확대할 필요성이 더 커졌다.

여기 제시하는 방안이 반드시 옳거나 이행하기 쉽다는 뜻은 아니다. 그보다는 더 많은 사람들이 더욱 많은 방안을 놓고 토론할 수 있게 하는 구체적인 조치들이 있다는 점을 말하고 싶다. 현재의 위기는 무한한 상상력을 동원해 전에 없던 방향과 목표를 모색하는 게 불가피할 만큼 심각하다.

이 책에서 나는 동북아에 새롭고 지속 가능한 안보 구조를 구축할 주역은 한국·미국·중국·일본이며, 러시아가 일정 부분 기여하리라고 가정한다. 이들 4개국이 새로운 동북아 체제의 뼈대를 떠받치는 기둥 역할을 하게 될 것이다. 4개국 모두 그런 합의에 적극적으로 저항하는 강력한 이해집단을 가지고 있지만, 이들 나라에서 상호 이해와 공동 관심사를 위해 부단히 노력하는 사려 깊은 지성들을 늘 만나게 된다.

지난 10년 동안 무수히 잘못된 길과 막다른 길에 들어섰지만 돌파구를 찾고 '그랜드 바겐'을 성사시킬 희망은 남아 있다. 오늘날 우리가 직면한 위험이 큰 만큼 그런 가능성은 더 커졌다. 그러나 비전이 독특하거나 주장에 설득력이 있다고 해서 성공이 보장되는 것은 아니다. 이들 각국에 우수한 거버넌스 시스템, 의미 있는 개혁, 혁신에 대한 깊은 신념을 가진 사람들이 있어야 한다. 그들은 새로운 안보 구상의 토대를 마련해 국민들에게 믿음을 주고 나아가 미래 세대가 국가적 문제와 국제 관계에 더 깊은 관심을 갖도록 유도하는 과업을 떠맡게 된다.

동북아 미래, 북한 위기의 해결, 중·미 또는 중·일 간 '그랜드 바겐' 논의가 제한적인 어젠다를 가진 편협한 이해집단 또는 당선이나 승진을 위해 단기 성과에 급급한 정치인·관료의 손에 좌우되도록 해서는 안 된다. 물론 그런 부류가 개입하는 것은 불가피하다. 그러나 동북아 미래에 관한 진지하고 광범위한 토론을 구상할 때 탁월한 통찰이나 해답이 어디서 나올지에 관해 선입견을 가져선 안 된다. 열린 마음과 관용, 인간의 위기대처 능력에 대한 확고한 믿음이 성공의 열쇠다.

최고위급 차원에서는 동북아의 미래에 대해 두 초강대국, 중·미 간에 솔직하고 창의적인 대화가 필요하다. 남중국해의 영유권 분쟁, 미국 고고도미사일 방어체계의 한반도 배치, 그리고 다양한 정치·경제적 우려를 둘러싼 최근의 긴장을 감안할 때 그런 진지한 대화는 쉽지 않을 듯하다. 그 어려움을 과소평가해서는 안 되겠지만, 양국이 갈등 국면에서 한발 물러나 더 큰 공동 현안에 초점을 맞춤으로써 유대를 강화할 기회를 찾을 수 있다는 점을 강조하고 싶다.

중·미 간에 이해가 일치하는 문제에서도 종종 긴밀한 협력으로 발전하지 않는 데는 제도적 원인이 있다. 라이벌 의식이 앞으로도 계속되리라 예상할 만한 명백한 지정학적 요인도 있다. 하지만 사이버 보안, 기후변화뿐 아니라 다른 광범위한 다국 간 현안에서 두 초강대국 간에 이미 진지한 협상이 이뤄진 게 사실이다. 이는 향후 복잡한 글로벌 관계가 대결에서 탈피해 협력체제로 전환하는 게 가능하다는 것을 말해 준다.

트럼프 대통령과 시진핑 주석이 2017년 4월 6~7일 가진 정상회담에서 보다 강력한 대북제재에 합의한 것은 긴급한 현안이 발생하면 라이벌이 협력자로 바뀔 수 있음을 보여 주는 사례다.

중·미는 장차 수십 년, 나아가 다음 세기 동안 협력을 위한 종합적인 청사진을 마련해야 한다. 양국이 한발 뒤로 물러나 더 높은 곳에서 내려다보면 눈앞의 정치·정책적 대결 국면에선 보이지 않던 새로운 공통 관심사를 찾을지 모른다. 양국이 끊임없이 돌아가는 뉴스 사이클을 뛰어넘는 대화 공간을 마련할 수 있다면 협력을 위한 공동 어젠다가 새로 형성될 수 있는 희망이 있다. 이 같은 깊이 있는 대화에는 예술가·철학자·교사 그리고 비정부기구(NGO) 종사자 등 개인과 단체가 폭넓게 참여해야 한다.

참여 폭이 넓을수록 양국에서 협력할 수 있는 기관도 그만큼 많아지게 된다. 때로는 사람들이 마음 편한 환경에서 협력에 대해 논의하고 비슷한 목표에 자신의 신념을 직접 표명할 수 있는 기회를 얻을 수 있느냐가 결정적 요인이 되기도 한다. 그런 대화는 토론이 진행되는 동안 배후에서 이뤄져야 한다.

동북아에서의 모든 토론과 협상에 미국과 중국이 관여해야 한다는 의미는 아니다. 그것은 분명 현실에 맞지 않다. 그러나 두 초강대국 중 어느 쪽이든 협상 테이블에서 환영받지 못한다고 느끼거나, 전반적인 공통 관심사에 관한 더욱 광범한 대화가 배후에서 계속되지 않을 경우 안정적인 다자간(多者間) 질서의 잠재력은 축소될 것이다.

한 · 일 양국이 유대를 강화하고 문화와 기후변화, 정보기술(IT)에 이르기까지 모든 주제를 망라하는 포괄적 대화를 진행하는 것도 마찬가지로 중요하다. 10년 전까지만 해도 그런 교류가 활발했지만 그 뒤로 대폭 감소했다. 2015년 12월 이른바 '위안부' 문제에 관한 합의로 한 · 일 협력이 다시 활발해질 수 있는 틀이 만들어졌다. 정부 간 합의로 모든 문제가 해결되지는 않았다. 정부 · 재계 · 시민사회의 다양한 관계자들이 그것을 새로운 협력방향을 모색할 새로운 인센티브로 받아들이는 난제가 남았다.

한 · 일 양국 간에 다리를 다시 놓으려는 이런 노력의 성패를 좌우하는 요인은 창의성과 신념이지, 위안부 문제처럼 구체적 항목의 타결은 아니다. 한 · 일 합의는 새로운 방향으로 발전해 나갈 기회를 제공한다. 새 장을 열 기회가 우리 손에 주어졌으니 그것을 활용해야 한다. 한·일 교육기관 간 지속 가능한 유대, 한·일 NGO 간 대화, 한·일 간 스포츠 교류 관계를 어느 정도까지 구축하느냐가 새로운 시대의 방향을 결정하게 될 것이다.

그와 같은 발전을 이루려면 한국으로서는 한 가지를 더 해야 한다. 일본이 동북아에서 중요한 리더십을 맡는 것이 꼭 한국을 위협하는 것이 아님을 인정하고 과거의 고통스러운 기억과 새 출발의 희망 사이에서 균형점을 찾으려고 노력해야 한다는 것이다.

일본 역시 한국과 유대를 강화하려면 자발적으로 동북아에서 의미 있는 역할을 떠맡아야 한다. 이는 군사력을 증강하라는 게 아니라, 중국·한국과 모든 차원에서 광범위하게 대화하면서 촘촘한 교류, 개방적인 토론, 성공적인 관행의 공유는 물론, 일본의 정치 일선에 협의체제를 정착시켜야 한다는 의미다. 일본은 이웃나라들과 교류하는 범위 내에서만 동북아에서 의미 있는 지도자 역할을 수행할 수 있는 것이다.

동북아의 안정적 질서 확립에는 한국의 역할이 결정적이다. 한국은 미국과 다른 나라들보다 강력한 제도적·안보적 연대를 구축하는 한편 중국과는 오랜 역사·문화적 교류를 활용해야 한다. 한국은 혁신적인 다자 체제 안으로 미·중 양국을 끌어들여 새로운 잠재력을 창출하고 지금껏 불확실하던 새로운 방향성을 찾을 수 있다. 한국은 두 나라와의 무역·금융 측면뿐 아니라 두 나라에서 유학하거나 문화 교류에 참여하는 한국인 수 측면에서도 양국과의 통합 수준이 남다르다. 이는 한국이 새로운 협력의 장을 제공해 지역적 협력을 촉진할 수 있다는 의미다.

그러나 그런 변화를 일으키는 외교적 과정이 쉽지만은 않을 것이다. 가치가 있거나 생명력이 긴 것들은 쉽게 이루어지지 않는 법이다. 나는 소수의 현명한 사람들만으로는 지속적인 외교 해법을 얻어 낼 수 없다는 것을 경험을 통해 깨닫게 됐다. 컨센서스를 구축하는 과정, 그리고 피드백을 파악하고 최종 계획에 통합하는 과정이 있어야 한다. 하지만 엄밀히 말해서 외교에 최종 계획이란 존재하지 않는다. 도교(道敎)에서 말하듯, 외교란 항상 목표를 지향하는 과정인 것이다.

장기적 안목으로 철저하게 협상하려 한다면 한국을 비롯한 모든 동아시아 국가들이 의미 있는 타협의 자세를 갖춰야 한다. 참여하는 사람들 모두 출발점에서부터 한계를 극복할 수 있다는 미래지향적이고 장기적인 관점을 가져야 한다.

동북아를 찾는 많은 서양 사람들은 어리둥절해 한다. 그들은 이 지역의 활력 있는 경제와 새로운 첨단기술에 많은 기대를 갖는다. 동시에, 그런 조건에서 왜 그토록 심한 갈등이 남아 있을까 의아해 한다. 100년 전 유럽에서나 거론될 법한 역사·영토 문제가 동북아에선 왜 아직도 그렇게 중요할까?

그런 의구심을 가질 만하다. 아시아 사람들은 지금보다 더 잘할 수 있고, 앞으로 그렇게 될 것이다. 유교와 불교 같은 공통된 역사적 측면을 재확인하고 유사한 문화적 규범을 토대로 새로운 제도를 확립해, 현재뿐 아니라 미래 세대가 문제에 봉착하지 않도록 만들 수 있다.

이곳 아시아에서 가장 우수하고 똑똑한 인재들을 끌어모아 고무적인 미래와 설득력 있는 비전을 담은 헌장(憲章)을 만들어 낼 수는 없을까? 과거 베스트팔렌 조약(독일 30년 전쟁을 종결시킨 조약)이나 미국 헌법이 그랬던 것처럼, 우리와 인류의 미래를 위해 지금 시대에 기여할 수 있는 협약과 헌장 등을 만들어 낼 수 있을까? 분명 우리는 그만한 교육수준을 갖췄으며, 새로운 문명의 자양분이 될 만한 은유와 비유의 곳간 역할을 하는 문화적 전통도 풍부하다.

그러나 한국·중국 또는 일본은 온갖 자산을 보유하고도 아직 그렇게 하지 못했다. 어쩌면 오래 전 중국 아편전쟁의 충격이 남긴, 겉으로 드러나지 않은 문화적 트라우마가 잠재력을 최대한 이끌어 내는 능력을 억제하고 있는지도 모른다.

그럼에도 불구하고, 나는 후손들을 위해 더 나은 미래 비전을 구축할 때가 왔다고 본다. 이는 우리뿐 아니라 전 세계의 귀감이 될 것이다. 물론 오만하거나 주제넘게 행동해서는 안 된다. 우리는 앞으로도 계속 적지 않은 실수를 범할 것이기 때문이다. 그러나 나는 동북아 지도자들과 대화하면서, 우리의 저력을 발휘할 때가 왔음을 느낄 수 있다. 우리는 우리 자신과 타인들한테 보다 큰 잠재력을 발휘하도록 요구할 필요가 있다.

우리의 핵심 과제는 필요한 문화와 제도, 원대한 비전을 만들어 냄으로써 동북아에 평화와 안정을 보장하는 것이다. 동북아 지역의 경제·기술력을 감안한다면 동북아에서 그런 전통의 구축이 세계의 평화와 안정에 얼마나 기여할지 알 수 있다.

그러나 과거의 진부한 방식을 되풀이해서는 그런 고상한 목표에 이르지 못한다. 더 나은 세계를 만들 운명이라는 인식과 나름의 책임의식으로 과업을 수행해야 한다. 6자회담과 아태(亞太) 경제협력체(APEC), 그 밖의 지역별 고위급 포럼의 제도적 한계를 훨씬 뛰어넘는 진정한 혁신을 추구해야 한다. 우리가 기존 관행의 매너리즘에서 깨어나 새로운 지평과 가능성을 인식할 수 있도록 지역 외교에 새로운 접근법을 시도해야 한다.

6자회담은 참여한 조직과 개인뿐 아니라 논의 주제 면에서도 한계가 있었다. 북핵(北核) 프로그램 종식에만 모든 초점이 맞춰졌다. 다른 긴급한 문제는 거론될 여지가 없었으며 지역의 경제·정치 현안에 관한 합의 도출을 위한 협의가 병행되지 않았다. 만일 그런 협의를 병행했다면 안보 협의의 연장에 도움이 됐을지 모른다.

물론 거기에는 충분한 이유가 있었겠지만 직업 외교관들의 6자회담을 NGO나 기업, 지자체 대표, 대학들 사이의 동시다발적 6자회담으로 보완할 수 있지 않았을까 하는 아쉬움이 남는다. 나아가 그동안 같은 처지에 있는 다른 나라 사람들과 공개 토론할 기회가 없었던 학생·교수, 일반 시민들 사이에도 그런 토론이 가능할 수 있었을 법하다. 그 자리에서 향토음식 요리법으로부터 동북아 미래의 구상에 이르기까지 온갖 아이디어를 공유할 수 있지 않았을까. 궁극적으로 그러한 다층적 교류가 병행되지 않았던 것이 6자회담이 기대보다 효과가 적고, 참가국 국민들 사이에서 폭넓은 공감대가 형성되지 않았던 이유 중 하나였다.

6자회담을 비롯해서 오늘날 아시아에서 벌어지는 교류의 한계는 어느 회의에서나 비슷한 테마와 주장이 기계적으로 반복된다는 점이다. 토론에서 일관성은 필요하다. 하지만 참가자들이 새로운 돌파구를 시도하기보다 똑같은 이야기를 장황하게 되풀이한다면 참가자들이 어떤 진전이나 발전이 가능하다고 느끼기 어려울 수도 있다.

6자회담의 경우 토론은 배심원들이 합의를 이뤄 피고인(북한)이 죄를 시인하고 태도를 바꾸게 하려 애쓰는 배심(陪審) 평의(評議)를 닮았다. 채찍과 당근이라는 형식 면에서는 창의성이 있었지만 주고받은 토론 면에선 창의적이지 않았다.

6자회담과 동시에 6개국 간에 지역의 미래 안보체제에 관한 다자간 토론을 병행했다면 어땠을까? 사려 깊은 시민들이 어떤 종류의 규칙·제도·법률을 제정해야 각국의 권리를 보장할 수 있을지 논의하는 제헌(制憲) 회의에 가까운 토론 말이다. 동북아가 다른 지역에서 먼저 나온 모델의 추종자가 아니라 혁신자 역할을 하는 독창적인 접근법이기도 하다.

미국 건국의 아버지들이 소집한 제헌회의는 어쨌든 어떤 한 주를 처벌하는 수단이 아니었을뿐더러(당시 많은 분쟁이 있었다) 관세나 영토 분쟁에 관한 갈등조정 수단도 아니었다. 그보다 제헌회의는 일단의 이상주의자들과 지식인들이 미래 국가의 기틀을 마련하는 기회였다. 거버넌스의 역사에서 성공사례들을 추출하는 한편 새로운 제도를 도입했다. 미국 건국의 아버지들은 차기 선거에는 관심이 없는 대신 지속성 있는 제도를 구축하고자 했다. 그 결과 200년 넘게 존속하는 제도를 수립했으며, 한국을 포함해 전 세계 많은 나라 사람들을 고무시켰다.

필라델피아에서 열려 미국 건국으로 이어진 제헌회의가 시사하는 또 다른 방향이 있다. 제헌회의에 모인 미래지향적인 지식인들은 단순히 자신들의 이익을 지키는 데 그치지 않고 새로운 뭔가를 창출하려고 노력했다. 그 회의는 동북아 미래에 관한 협상이 각국의 불만과 요구를 표출하는 자리만은 아니며, 북한이 제기한 도전과제가 북한의 도발에 대한 공동 대응방안을 제시하는 기회만은 아님을 말해 준다.

미국 제헌회의가 남긴 역사적 선례는 토론이 지역의 장기적 미래에 관한 비전을 제시하는 기회도 될 수 있음을 증명한다. 토론이 영감과 비전을 갖게 되면 동북아 국가들 간의 관계증진을 위해 취해지는 구체적인 조치들이 단순한 협상으로 끝나지 않게 된다. 그리고 그 시점에선 어쩌면 참가자 자신들도 모르는 사이 회담이 혁신적인 성격을 띠게 된다. 일련의 협상이 끝날 무렵에는 동북아가 협상 개시 시점과는 질적으로 달라질지도 모른다. 그것이 목표이자 기대가 되면 토론의 성격 자체가 달라지게 된다.

물론 거버넌스·국제관계·공동이익에 관한 고위급 회담을 날마다 열어 실질적인 결과를 도출할 수 있는 건 아니다. 하지만 동북아 지역 전반에서 내가 만난 많은 지도자들은 아시아의 국제관계에 관한 논의에 혁신을 가져올 수 있는 계획 수립에 필요한 지혜·창의성·경험 그리고 무엇보다도 비전을 지닌 사람들이었다. 우리는 토론에 진지함과 의미를 부여해야 하며, 과거 토론의 상당 부분을 지배했던 폐쇄된 절차적 행위에서 탈피해야 한다.

동북아에 활력을 불어넣은 라이벌 의식과 열정이 항상 나쁜 것만은 아니며 심지어 강점이 될지도 모른다. 동북아 기업들의 제품과 서비스 향상 노력은 다른 나라들의 많은 존경을 받는다. 그런 노력이 우리 활력과 미래 경제발전의 열쇠다.

우리는 이런 국가적 열정을 긍정적인 에너지로 전환해 혁신과 발전의 원동력으로 만들 수 있을지 자문해야 한다. 한·중·일이 무기 시스템과 핵탄두 개발 경쟁을 벌이게 된다면 그것은 악몽의 시나리오다. 그런 경쟁과 라이벌 의식은 엄청나게 위험하다. 그러나 이들 3국이 친환경 정책, 청년들을 위한 일자리 창출, 또는 사회적 약자배려 경쟁에 자신들의 열정과 라이벌 의식을 쏟아 붓는다면 더 발전적인 방향으로 향하게 될 것이다.

여러 기관의 중복 네트워크가 실제로 동북아를 글로벌 경제의 가장 역동적이고 창의적인 지역으로 바꿔 놓을 수 있을지 예측하는 건 불가능하다. 무엇이 주효할지 알려면 시도해 보는 방법밖에 없다. 동북아가 열린 자세로 전 세계의 외교·정치적 통합의 선례에서 배워야 한다고 본다. 동북아는 유서 깊은 문화를 갖고 있지만 통합된 다국적 기관 창설 경험이 일천하다. 아시아든 세계 어느 곳에서든 기존 업적의 인식은 새로운 접근법을 발전시킬 수 있는 환경의 조성에 필수적이다.

최근 미국 스탠퍼드대학 프랜시스 후쿠야마 교수와 동북아 미래에 관해 대화를 나눴다. 그는 동북아 지역의 경제·정치적 관계의 규모와 복잡성을 감안할 때 다자 구조의 포용적인 안보 프레임워크를 독자적으로 개발해야 한다고 말했다. 성공하려면 장기적인 비전이 필수라고도 충고했다. 그의 분석에 전적으로 동의한다.

우리의 상상력에 목적의식과 방향성을 결합한다면 이른바 '아세안 플러스 3'(아세안 10개 회원국＋한국·중국·일본)에서 다소 모호한 개념인 '플러스 3'를 외교·지역협력·지역안보·환경보호를 위한 새 프로젝트의 중심에 놓을 수 있다.

한·중·일 3국협력사무국(본부 서울)의 성공적인 운영은 그런 새 조치가 얼마든지 가능하다는 것을 말해 준다. 가장 큰 걸림돌은 북한이 아니라 타성(惰性)이다.

불행히도 냉전 시대의 안보 구조를 더 편하게 여기는 사람들이 있다. 미사일 시스템, 병력 배치, 그리고 기타 군사적 억지력에 기초한 체제다. 안보와 안정에서 군사력이 핵심적인 측면이라는 점은 분명 인정한다. 하지만 요즘처럼 기후변화가 심각한 문제가 된 시대에는 안보의 성격이 변하고 있으며, 군사 문제로만 초점을 좁히면 실질적이고 지속적인 안보 보장의 필수적인 도구로서 다자주의의 잠재력을 간과하게 된다. 중·미 양국은 더 큰 다자간 컨소시엄을 지지할 수 있지만 그런 양국 간 협약에는 참여하지 않으려 할지도 모른다.

　동북아의 다자주의 구상이 너무 크고 야심적이라는 주장도 있다. 그들은 지역 내의 긴장과 불신을 감안할 때 다자간 안보협약이 근본적으로 비현실적이라고 말한다. 그런 관측통들은 한·미 안보조약과 미·일 안보조약으로 구축된 양국 간 동맹에 의지한다. 그들은 기본적으로 새 질서나 새로운 접근방식의 제안을 꺼린다.

　그러나 지정학적 상황과 기술변화로 인해 근본적인 변화가 요구되는 순간은 필연적으로 찾아온다. 나는 지금 이 시대가 그런 순간이라고 믿는다. 동북아는 유럽·아세안이 통합을 이룬 것에 견줄 기회를 잡았을 뿐 아니라 그들을 뛰어넘어 새롭고, 어쩌면 전례 없었던 제도를 만들어 냄으로써 세계에 미래의 가능성을 보여 주게 될지도 모른다.

　인터넷 발전, 물품운송과 정보전달 비용의 폭락으로 낯선 신세계가 열렸다. 우리는 고도의 네트워크 연결 사회가 요구하는 제도들을 충분히 인식하지 못하고 있을뿐더러 그럴 만한 비전도 없다. 우리가 창설할 다자 조직은 규모가 크거나 가분수(假分數)일 필요가 없다. 작고 탄력적이고 적응력이 좋으면 된다. 요즘 같은 급속한 기술변화의 시대에 거버넌스의 도전과제에 제대로 대처하려면 글로벌 네트워크 측면들이 서로 보완하고 보강하면서도 관료주의적이거나 경직되지 않을 필요가 있다.

성공적인 사례와 정책의 전파에 효과적인 네트워크와 공동체를 구성함으로써 사기업과 NGO, 지방·중앙 정부 간 새로운 협력 형태들을 실험해야 한다. 이 같은 폭넓은 토의 기반은 세월이 흐르면서 자연스럽게 성장해 촘촘히 짜인 조직을 이루고, 나라마다 다양한 차원에서 적극적인 협력과 교류로 광범위한 시민사회를 뒷받침하게 된다.

제 2 장

문화는 외교의 열쇠

전례 없는 변화의 시대에 동북아에서 안정적이고 신뢰할 만한 공동체를 창설하는 도전과제에 대해 숙고(熟考) 할 때는 눈을 크게 뜨고 도움 될 만한 활동 분야를 간과하지 않도록 주의해야 한다. 그리고 정책과 실천을 위한 제안을 최대한 구체적이고 정확하게 해야 한다. 역설적으로 들릴지 모르지만 비전은 이상적이고 영감을 주되, 방안은 구체적이고 곧바로 실행 가능해야만 확실한 발전을 이룰 수 있다. 그 과정이 모순될지라도 말이다.

먼저 평화롭고 통합된 동아시아를 생각할 때 가장 먼저 고려해야 할 점은 금융·무역·제조·유통·광범위한 서비스 등 경제 문제다. 그것은 경제가 다른 분야를 뛰어넘는 절대 가치를 지니기 때문이 아니라, 경제에 관해서는 광범한 컨센서스가 이뤄져 공유 영역이 넓고 오해의 가능성이 적기 때문이다. 한·중·일은 투자·무역·물류 분야 협력을 위한 제도적 합의에 상당한 진전을 이뤘으며, 더 개방적인 무역체제의 토대가 마련돼 협력과 협업이 늘어날 것이다.

다음으로 안보 문제에서는 글로벌한 관점에서 전 세계의 현재와 미래 위협을 바라보아야 보다 긴밀한 조정이 이뤄질 것이다. 하지만 불행히도 대북 정책에 초점이 맞춰지는 경향을 보인다. 북한 그리고 한국·일본·중국 간 시각 차이로 이 문제에 관해 합의를 도출하기가 어려워졌다. 게다가 무인기·사이버전쟁·기후변화 그리고 아시아에서 떠오르는 위협 같은 공동의 안보 현안을 확인해 컨센서스를 모색하는 과정이 극히 지지부진하다.

한국과 일본은 먼저 미국과 협력하는 추세를 보였다. 동맹구조 내에서는 충분히 타당한 이 접근방식은 향후 오해와 갈등을 예방할 수 있는 잠재력을 저하시켰다. 예상되는 위협과 가능한 대응책에 관해 이웃들끼리 대화할 기회가 줄었기 때문이다. 북한의 도발에 대한 공동 대응도 필요하지만, 세력균형과 지역공동체의 안전보장을 통해 중국은 평화롭게 부상할 수 있으며 지역의 어떤 나라도 그로 인해 소외감을 느끼지 않도록 해야 한다.

언론에선 언급하지 않고 있지만, 동북아에서의 지속적인 평화 정착을 위한 제도와 철학·관습·정책의 형성 과정에서 문화가 그 핵심을 이뤄야 한다. 문화는 미적(美的)·문학적·미술적·철학적 요소를 가리키는 모호한 용어이긴 하지만, 우리의 세계관과 경험에 대한 대응방식을 결정하는 공통된 기억과 습관을 의미한다. 문화는 한 국가 내에서 겪은 경험의 결과이지만 갈수록 글로벌 현상으로 확대되고 있으며, 문제의 인식과 해법에 대한 컨센서스를 형성하는 데 근본적인 영향을 미칠 수 있다.

한·중·일의 경우를 살펴보면, 이미 각종 현안과 관련해 3국 간 정상·장관·차관 그리고 각종 실무급 토론이 존재한다. 협력 메커니즘은 갖춰졌지만 효과는 종종 기대에 못 미치며, 이에 따라 협상 당사자들이 중요한 문제에 대해 협력이 제대로 이뤄지지 않는다고 느낀다. 북핵 프로그램뿐 아니라 기후변화 문제에서도 공동 대처가 절실하지만 이를 위해서는 3국을 하나로 묶어 줄 재료가 필요하다.

위원회나 정상회담에는 그런 마법(魔法)의 재료가 없다. 그것은 편협한 목적을 이루기 위해 각자의 어젠다를 가진 사람들의 모임에 불과하다. 고급 레스토랑이나 대리석, 유리로 장식된 연회장에도 없다. 그런 레스토랑은 음식을 먹는 곳, 연회장은 사람들이 만나 어울리는 곳에 지나지 않는다. 그 마법의 재료는 바로 문화다. 문화는 아무리 간단한 식사조차 기회만 되면 가장 역사적인 정상회담으로 바꿔 놓을 수 있다.

외교는 주로 예측 가능한 의식이지만 — 협약에 서명할 때 상대방을 놀라게 해서 좋을 건 없지 않겠나 — , 문화를 외교에 활용해 분위기를 바꾸고 기회를 만들어 내는 확실한 방법들이 있다. 물론 그런 순간들이 무한정 지속될 수는 없다. 그럴 경우 다시 진부한 의식으로 전락하기 때문이다.

그러나 회의 형식, 토론 주제, 참석자들의 개성, 주변 환경의 조합이 혁신과 열린 토론의 공간을 창출할 수 있는 순간들이 있다. 거대 관료집단의 힘이 아무리 세다 해도 바로 그런 순간이라면 변화의 토대가 마련될 수 있다. 당장의 정책 변화를 기대하기는 어려울지 몰라도 섬세한 인식 변화는 얻을 수 있다.

외교관과 정치인들 간의 회담에는 여러 면에서 변화를 가져올 수 있다. 특별한 재능, 독특한 관점, 토론 현안에 대한 깊은 인식을 가진 사람들을 대화에 끌어들일 수 있다.

예컨대, 현안(가령 동아시아 협력)에 관해 이상적이면서도 글로벌한 관점을 가진 개인 몇 사람을 참석시키면 보다 현실적인 협상 무대가 조성될 수 있다. 협상의 까다로운 장애물을 기적적으로 극복할 수 있다기보다는 그런 장애물들을 전체 맥락에 포함시켜 합의 도출의 필요성을 더 크게 만들고, 따라서 참가자들이 세부사항에 더 주의를 기울일 가능성이 커질 수 있다는 얘기다.

우리가 행하는 외교적 교류에서 일어나는 상호작용은 테이블 앞에서의 공식 협상과 '쉬는 시간', 즉 참가자들이 산책을 하거나 테니스를 치고 친구들과 어울리는 시간으로 나뉘는 경향이 있다. 대체로 쉬는 시간은 공식 협상에서 벗어날 기회이지 상대국 대표들과 깊은 유대감을 형성하는 기회는 아니다. 실제로 협상 후에 너무 녹초가 되어 상대방으로부터 벗어나고 싶어 하는 외교관이 많다. 물론 각국 협상 참석자들이 만찬을 함께하며 술잔을 나누는 경우도 있지만 역시 구체적인 내용은 피하게 되고, 본격적인 술좌석으로 이어질 때도 대체로 공동 관심사에 대해 막연하게만 이야기를 하게 된다.

그러나 거기에도 다른 가능성이 있지 않을까? 분명 한국의 경우 교류가 적은 것은 세대차와 관계가 있다.

호주 학자 제프리 로버트슨이 근저《외교 스타일과 외교정책, 한국 사례연구》(*Diplomatic Style and Foreign Policy: A Case Study of South Korea*)에서 평했듯이, 한국의 구세대 외교관들은 지극히 협의의 경제개발과 북한의 이념적 도전에 맞서 남한의 정당성을 주장하는 데 초점을 맞췄다. 지정학적 상황이 바뀌었지만 대체로 구세대는 더 광범위한 형태의 교류에는 닫혀 있다. 그들에게는 예전의 가난한 나라 처지를 벗어난 번영되고 조화로운 사회로서 한국의 이미지를 국제사회에 심어 주는 것이 중요했던 듯하다.

구세대 외교관들은 그런 이미지를 홍보하지 않을 때는 강경한 태도로 무역·금융 그리고 글로벌 경제정책 협상에 임했다. 그들은 다른 화제로 대화가 확대되는 걸 원치 않았다. 초점을 잃고 전문 분야에서 벗어나 표류하지 않을까 두려웠기 때문이다.

그러나 신세대 외교관들은 다르다. 더 감정적이고 민주적인 스타일에, 다양한 사람들과 적극적으로 어울리려 한다. 그들은 한국의 민주화를 경험했고, 10년에 걸친 햇볕정책(1998~2008년 평양 정부의 포용을 중심으로 한 대북정책)도 목격했다. 그들은 동아시아에서 새로운 뭔가를 갈구하고 있으며 그들 중 일부는 남다른 열정과 영감으로 최근 한국 외교에 활력을 불어넣었다.

구세대 한국 관료들은 한국이 국제사회에서 단절됐다고 가정했다. 그들은 1907년 고종황제가 한국의 국익을 지키기 위해 개인적 인맥을 통해 헤이그 협약 참가자들에게 호소하려던 비극적인 노력에서 그런 고립을 목격했다. 이준·이상설·이위종 등 고종의 밀사 3인이 국제사회를 설득해 한국 독립 지지를 얻어 내는 데 실패한 일은 구세대 관료들의 머릿속에 깊숙이 각인돼 있었다. 1950~1960년대 북한의 이념적 도전도 그들에게 깊은 영향을 미쳤다.

대체로 구세대 외교관들은 국내총생산(GDP)과 가입된 국제기구 수 같은 한국 국력의 구체적 증거를 원한다. 그들은 제한적인 '체크 표시' 방식을 따르고 문화 교류를 변화시키기 위한 일반적 전략을 피한다.

그러나 반기문의 유엔 사무총장(2007년 1월~2016년 12월) 선출로 지금은 한국이 세계 사람들과 대화하는 게 분명해졌다. 세계는 동양과 서양의 강점을 결합하고 문화에 초점을 맞춘 한국의 성공모델에 이끌렸다. 반기문 전 총장은 구세대 사람이지만 그의 부상은 신세대가 더 광범위한 어젠다를 추구하는 새로운 밑거름이 됐다.

그런 새로운 정신은 국립외교원에서 실시된 개혁에서 잘 드러난다. 국립외교원은 최근 암기방식 시험에서 탈피해 외교에 더 창의적인 접근법을 장려하기 시작했다. 문호를 개방하고 더 광범위한 인재를 받아들여 외교와 안보 문제에 대처하면서 동북아 지역의 모델로서 가능성을 보였다.

그러나 한국은 구조적 문제로 인해 창의적 외교 옵션이 여전히 제한적이다. 많은 개혁이 5년 단임 대통령제의 프레임워크 안에서 실시된다(새 정부 이양에 필요한 시간과 대통령 임기 마지막 해에 빈번히 나타나는 레임덕 현상을 감안할 때 실질적인 변화 지속기간은 종종 3년에 불과하다). 국립외교원의 개혁은 정부가 바뀌어도 지속될 희망을 어느 정도 보여 준다. 그럼에도 불구하고 궁극적으로는 다시 문화의 문제로 돌아간다.

나는 제프리 로버트슨이 외교 스타일을 강조한 점에서 그의 책에 끌렸다. 전에는 이 주제를 깊게 다룬 책이 없었다. 그는 구세대와 신세대 외교관의 세계관이 근본적으로 다를 뿐 아니라 학자와 외교관 사이에도 차이가 있다고 주장한다. 그는 동아시아 국가들 사이의 외교 스타일 차이는 궁극적으로 문화의 차이이며, 그것은 역사 속에서 작은 각주에 불과한 게 아니라 역사의 주도권을 쥐는 데 성패를 좌우하는 중요한 문제라고 지적한다.

로버트슨은 북한이 붕괴할 경우 남한에 어떤 일이 일어나겠느냐고 학자와 외교관에게 질문을 던진 한 미국 정보당국자의 흥미로운 사례를 들었다. 학자들은 제도적 문제를 거론했다. 예컨대 국가안보 내각회의의 구조가 남한의 대응방식에 영향을 미친다는 설명이었다. 남한의 제도적 역사에서 구체적인 사례를 들기도 했다.

그러나 외교관들은 같은 상황에서 외교관들이 취하게 될 구체적인 행동을 묘사했다. 그들은 상급자들에게 보고할 뿐 아니라 학자들에게는 보이지 않는 네트워크를 통해 가족·친지들과 연락하겠다고 말했다. 외교관들은 이런 인간적 상호작용을 대단히 중시했다. 직업적인 경험을 통해 특히 한국에서는 정부 기구들의 추상적인 규칙보다 인간적 상호작용이 더 결정적이라는 것을 알았기 때문이다.

그러나 오늘날의 세계는 급변하고 있다. 정보기술 혁명으로 거리가 좁혀지는 가운데, 세계적 그리고 지역적으로 자신이 속한 '상상공동체'와만 관심을 공유하며 외부 사람들과의 대화에는 거의 관심을 보이지 않는 특유의 인구집단으로 쪼개지고 있다. 아마도 이 같은 변화는 이슈에 대한 접근방식에 있어 국립외교원의 개혁과 유사한 근본적인 변화를 요구한다. 젊은이들에게 권한을 부여하고 협상 테이블을 뛰어넘어 광범위한 참여를 유도하는 새로운 전략을 수립하도록 해야 한다.

지금은 실질적인 변화를 이룰 기회다. 미국이나 일본의 경우도 마찬가지다. 의사결정 과정을 바꿔 가장 의욕적인 젊은이들을 더 많이 포함시킬 수 있다.

미래의 한·중·일 외교장관 회담을 상상해 보자.

그들이 회담하는 데 특별한 공간을 제공해 창의적인 활동으로 실질적인 돌파구를 열도록 할 수 있을까? 3개국 정부가 요구하는 어젠다를 회의에서 다루면서도, 장관들이 공식적인 역할에서 벗어나 일련의 문화 행사, 때로는 회의와 전혀 관련되지 않은 창의적인 활동에 참여하게 할 수 있을까? 그래서 그들이 더 자유롭게 생각하도록 유도하고 더 밀접한 인간관계를 조성하게 할 수 있을까?

그렇게 한다면 3국 지도자들 간에 깊은 지적·문화적 교류, 나아가 이상주의적 발언을 포함하는 대인관계가 가능한 공간을 조성할 수 있지 않을까? 여기에 다양한 작가나 예술가, 공연자들을 초청한다면 그들의 대화에 더 큰 자유 그리고 더한 깊이를 줄 수 있을 것이다.

그러나 이러한 미래 창조적 토론 공간의 조성은 정부 간 교류에서 자연스러운 일이 아니다. 오히려 그런 민감한 회의를 준비하는 사람은 모든 것이 최대한 예측 가능하기를 원하기 마련이다.

하지만 나는 그런 교류를 실제로 목격한 적이 있으며, 언제든 국내정치적 요구에 발목 잡힌 지도자들이 현안에서 벗어나 비공식적 교류를 통해 자신들의 창의력을 발휘할 수 있는 문화적 공간을 조성할 수 있다고 믿는다. 함께 그림을 그리거나 단편 연극 공연을 할 수도 있다.

이 같은 제안이 다소 어색할 수 있지만 회담 진행에는 대단히 효과적일 수 있다. 물론 행사를 기획하는 측의 상당한 노력과 계획이 요구된다. 그리고 장관들 간의 교류에만 국한하지 않고, 다른 차원의 외교관들 간 교류도 병행해야 성공 확률을 높일 수 있다.

돌파구를 열 수 있는 환경을 만드는 데는 3개의 열쇠가 있다. ① 객관적이고 사심 없는 토론이 가능한 공간의 조성, ② 깊은 지적 호기심의 자극, ③ 예술가·작가 그리고 기타 창작자와의 직·간접적 교류가 그것이다.

가장 큰 어려움은 적절한 공간의 조성이다. 분명 국가 간 회담은 각국의 어젠다를 가진 정부 그룹들이 결정한다. 하지만 그들을 설득해 가령 하루 쉬는 날 중립적인 장소에서 개방된 안건으로 만나게 하는 것도 가능하다고 본다. 산장에서 쉬거나 보트 타기, 유명한 '숲속 산책'(*walk in the woods*) 같은 방법이 가능할 것이다.

'숲속 산책'은 주지하다시피 1981년 미·소 간 전략무기 제한협상에 참석했던 두 핵심 대표의 산행을 가리키는 표현이다. 폴 H. 니츠와 유리 크비친스키는 완전 비공개로 몇 시간 동안 대화를 나눈 뒤 획기적인 합의에 도달해 돌아왔지만 불행히도 그들의 합의는 나중에 양국 협상팀에 의해 퇴짜를 맞았다. 하지만 그들의 노력은 협상 과정에 실질적으로 영향을 미쳤다. 니츠는 훗날 이렇게 회고했다.

그것은 커다란 영향을 미쳤다. 크비친스키와 나 사이에 합의가 이뤄졌다는 소식이 새나갔을 때 소련 사람들은 거의 믿었다. 내가 이런 시도를 했다는 사실을 알게 되자 그들은 미국이 실제로 협상을 막으려 하지 않는다는 믿음을 가졌다. 우리는 정말로 이 문제를 진전시킬 길을 찾으려 애썼다. 미국인들은 실제론 소련 측과 뭔가 합의할 마음이 없다는 편견을 가진 사람이 많았는데 그런 오해가 완전히 사라졌다. 우리가 정말로 애쓴다는 것을 그들도 알게 됐다.[1]

제한된 형태로 합의에 이르는 것조차도 관료주의에 깊숙이 빠져 있는 다른 사람들에게 일을 진척시킬 동기를 부여하고 그럼으로써 눈에 띄지 않는 역학적 변화를 일으킬 수 있는 것이다. 그것이야말로 동아시아에서 우리에게 필요한 변화다.

지적 호기심을 자극하는 것도 실질적인 돌파구를 여는 데 큰 도움이 될 수 있다. 흔히 회담에서 사실을 제시할 때 마치 물리학 법칙에 따라 배열한 듯 따분하고 무력해 보이는 사실들을 나열해 보여 주는 경우가 있다. 물론 그런 접근법은 일관성을 확보할 수 있고 예측이 가능하다. 그리고 불필요한 오해를 초래하지 않을 수 있다. 그러나 열정이나 창의적 해법을 기대하기는 어렵다.

나는 어떤 현안에 대해 객관적인 토론을 독려했더니 많은 사람들이 고무돼 과거의 뻔한 논리를 되풀이하지 않게 되는 경우를 여러 차례 목격했다. 그 문제를 새롭게 생각하고 새로운 잠재력을 고려할 수 있게 됐다.

예컨대 도서(島嶼) 영유권 문제를 살펴보자. 현 상황에서는 외교관들을 불러들여 영유권 문제를 논의한다 해도 어떠한 진전도 기대하기 어렵다. 그러나 고대 그리스 또는 프랑스와 영국의 섬들에 관한 분쟁을 놓고 학자와 토론했다면 어땠을까? 흥미로운 토론을 자

---

1 http://prodloadbalancer-1055872027.us-east-1.elb.amazonaws.com/auto-doc/page/nit0int-1

극하고 논의를 미묘하게 확대해 미래의 돌파구가 가능할 수 있지 않았을까?

섬을 연구하는 '도서학'(*islandology*)을 테마로 최근 책을 써낸 하버드대학의 비교문학 전문가 마크 셸 교수를 만날 기회가 있었다. 그는 정치·외교적 측면에서 섬의 역할을 연구하며 끊임없이 문화적 이슈에 비교했다. 그리고 상대적인 관점에서 그 주제를 고찰했다. 고대 세계의 섬들에 관한 그의 견해를 읽어 보면 우리 외교관들에게도 큰 도움이 될 것이다.

끝으로 예술가·시인·코미디언과 그 밖의 문화계 인사들이 외교적 교류에 직·간접적으로 참여해 새로 판을 벌일 수도 있다. 지금까지는 문화를 일종의 엔터테인먼트로 이용해 공식 만찬에 여흥을 더하는 정도가 고작이었다. 음악이나 춤에 청중이 참여하지도 않고 외교 토론과 연결되지도 않는다. 공연이 끝나면 외교관들은 정중히 박수를 치고 디저트를 먹기 시작한다. 문화의 그런 엔터테인먼트 기능 역시 잘못된 것은 아니지만 문화·예술이 보다 중심적인 역할을 할 수 있도록 고민해야 한다.

음악가·화가·배우와 그 밖의 창작자들이 외교 절차에 참여함으로써 분위기를 바꿔 새로운 돌파구를 열도록 할 수 있다. 예술가들은 보다 창의적인 대화를 이끌어 관료와 정치인들의 감정을 고양시킴으로써 잠재했던 창의성을 끄집어낼 수 있을 것이다.

예술가는 현장을 스케치하고, 관료와 정치인들을 작품 창작에 참여시켜 공동으로 작품을 만들 수도 있다. 그 미술 작품이 오락성을 띨지 모르지만 진지한 예술 작품이 될 수도 있다. 이 같은 창조적 활동에 참가하는 사람들은 이를 통해 더 많은 것을 얻으려 노력하게 된다. 과외 활동으로 만들어지는 그림·조각·스케치 또는 벽화는 그 순간의 기념물 역할을 할 뿐 아니라 모든 참가자들의 의식 속에 그 이벤트의 중요성을 한층 각인시킬 수 있다.

때로는 전시회나 연극, 콘서트가 기존의 토론과 다른 방식의 대안적 협상을 탐구할 만한 공간이 될 수도 있다. 너무 민감해 다루기가 어렵거나, 너무 복잡해 협상만으론 충분하지 못한 주제가 있을 수 있다. 이때 뮤지컬 공연을 통해 그런 주제를 암시하거나 예술 작품에 함의된 비유와 연상을 통해 부담감을 느끼게 하는 일 없이 해결책을 제시할 수 있다. 창작활동이 소통과 이해에 이르는 또 다른 수단이 될 수 있는 것이다.

예술가와 음악가는 자신들의 존재와 작품, 창작 의지를 통해 그렇지 않고는 불가능했던 색다른 형식의 토론을 만들어 낼 수 있다. 그림을 그리거나 악기를 연주하는 사람들 말고도 그것을 가능케 할 수 있는 사람이 있다. 단지 의사소통에 뛰어난 재능만 가졌어도 이야기를 늘리고 살을 붙여 완전히 새로운 측면을 펼쳐 보여 줄 수 있다. 사람들의 마음을 더 편하게 해줄 수 있는 사람, 개성의 차이 또는 용어와 개념에 대한 오해 등 토론에 존재하는 문제들을 간파할 수 있는 사람도 있다. 그런 재능을 지닌 사람들을 협상 중 한가한 시간에 초대해 관계를 더 부드럽게 하거나 대화를 더 의미 있게 만들 수 있다. 예컨대 그룹 역학 또는 문학 센스가 뛰어난 사람들은 모든 참석자를 창의적인 대화로 이끌어 새로운 관점으로 유도하면서 위협적이지 않게 영감을 불어넣을 수 있다.

개인적으론 어떤 문제에 보다 유연하고 창의적인 해법을 고무하는 수단으로 코미디가 특히 유용하다고 본다. 코미디언은 토론에 오락성을 가미해 참석자 간의 대화에서 부지불식간에 새로운 잠재력이 튀어나오도록 유도할 수 있다. 협상 현안을 유머러스하게 재해석할 수 있다면 참가자들이 한발 물러나 거시적으로 협상을 바라보고, 나아가 다른 사람의 관점에서 자신을 바라보는 기회가 될 수 있다. 코미디를 통해 그렇게 논제의 긴장을 제거하면 공감과 겸양 그리고 강한 창조 욕구가 솟아 더 큰 합의 동기를 유발하고 협상 참석자들 간의 지속적인 관계 유지에 기여해 다음 토론을 고대하게 만들 수 있다.

물론 그런 실험에는 주도면밀한 준비가 필요하다. 코미디는 문화적인 특수성이 워낙 강해 효과가 천차만별일 수 있다. 코미디가 대중적인 담론에서 간과될 수 있는 비판적인 관점을 제시할 수 있지만, 특정 참가자 측에 방어적인 반응을 촉발할 경우 부정적 영향을 미친다. 따라서 코미디는 전반적인 신뢰와 이해관계가 형성된 뒤 추가적 조치로 사용하는 편이 바람직하다.

경영학 권위자 피터 드러커 교수의 명언(名言)이 떠오른다.
"문제를 해결하려 하지 말고 기회를 찾아라."

드러커의 말은 해결책에만 초점을 맞추면 문제만 더 많아 보이게 된다는 의미다. 그러나 브레인스토밍을 통해 함께 작품 창작활동을 하면서 새로운 잠재력을 탐구할 수 있다면 전에는 보지 못하던 새로운 기회를 발견할 수 있을 것이다. 그리고 그 과정에서 생기는 열정과 낙관주의를 포용하면 새 지평이 열릴 수 있다. 그것을 향해 함께 나아갈 때 앞에 놓였던 문제들이 우리를 지나쳐 뒤로 멀어지게 된다. 한때 감당하기 힘들었던 의견 차이가 지금은 훨씬 더 통제 가능해지고 나아가 뜻하지 않은 기회로 바뀔지도 모른다.

평화 오디세이의 힘과 잠재력

내가 기획해 성공을 거둔 프로젝트로 두 차례의 '평화 오디세이'가 있다. 문화를 테마로 다양한 분야의 뛰어난 인물이 폭넓게 참여해 한국에 커다란 중요성을 지닌 지역을 돌아보는 것으로, 종종 추상적으로만 생각하던 대장정(大長征)이었다.

나는 2015년 6월 한국의 대표적 지식인 32명과 함께 1,400킬로미터의 여행길을 떠났다. 압록강에서 두만강에 이르기까지 북·중 접경지역을 따라가며 중요한 역사 유적지에 들러 최근의 경제·정치·사회 변화에 관해 토론을 벌였다. 한반도 분단 70주년을 맞아 우리가 어떻게 해서 여기까지 왔는지, 그리고 앞으로 어느 방향으로 가야 할지를 진지하게 성찰하는 기회였다.

2016년 8월에는 학계·정계·언론계·문학계·재계 인사 47명으로 이뤄진 더 큰 그룹과 함께 북한 두만강과 접한 러시아 극동지역을 가로질렀다. 두 차례의 여행으로 북한 북부 접경 전체를 아우르면서 한국의 최고 지성들이 나라 안팎에서 한반도의 미래를 성찰하는 한편, 서로 진지한 대화를 나눌 수 있는 기회가 됐다.

두 차례의 평화 오디세이에는 치밀한 계획이 필요했다. 주요 역사 유적을 망라하고, 현대의 중요한 지정학적 중심지를 소개하고, 심도 있는 토론 시간을 남겨 두는 중요한 일정 계획을 수립했다.

그러나 오디세이 중 틈틈이 즉흥적인 상황이 전개된 순간들도 있었다. 가령 한 CEO의 즉석 발언이 외교관이나 교수들로 하여금 우리 프로젝트의 중요성에 대한 깊이 있는 통찰을 제시하는 계기가 되기도 했다. 우리가 산을 오르고, 마을들을 돌아다니고, 혼잡한 도시를 헤쳐 나가는 동안 시와 노래가 즉석에서 울려 퍼졌고, 과거의 사건들과 오늘날 분단된 한반도가 전하는 복잡한 감정들이 우리 그룹을 휩쓸고 지나갔다.

평화 오디세이는 혁신적 변화를 추구한 문화 여행이었다. 영향력 있는 인사들로 구성된 우리 그룹은 과거를 확실히 이해하고, 탁상공론(卓上空論)으로는 불가능했을 미래를 향한 컨센서스를 이룰 수 있었다. 우리는 중국과 러시아의 공기를 호흡하고, 북한과 상거래가 이뤄지는 도시를 둘러보고, 우리 조상들이 말 타고 달리고, 농사 짓거나, 군인이나 상인으로 지나다녔던 도로와 들판을 함께 걷고 바라봤다.

그 경험을 통해 진보와 보수 진영 양쪽을 대표하는 인사들, 그리고 서로 다른 관점에서 통일 프로젝트에 접근했던 사람들이 한마음이 됐다.

'오디세이'라는 용어는 그리스 오디세우스 전설에서 빌려 왔다. 그것을 선택한 배경에는 한국을 두 동강 내 중국·러시아와 기타 동아시아 국가들로부터 분리시킨 동북아 분단의 역사적인 현실에 창의적으로 접목시키려는 의도가 깔려 있었다. 한국인들이 비행기로 쉽게 해외여행을 나갈 수는 있지만, 자동차나 기차로는 대륙을

오디세우스 고난의 여정

테이레시아스
(현모나코)
8

레스트리고니아
7   6

아드리아해

흑해

그리스

이스마로스
2

아이아이아
9

이탈리아

에게해

트로이
1

아이올리스 5

티레니아해

사이렌스
10

파이아케스
15

터키

카리브디스
11

키클롭스 4

스킬라
12

이타카
16

칼립소 14

트리나키아섬
13

지중해

튀니지

로토파고스
(제르바지역)
3

아프리카

트로이전쟁의 영웅 오디세우스의 고향 이타카는 에게해 건너편에 있었다.
하지만 오디세우스는 오늘의 모나코 지역까지 돌아오는 10년간의 고행을 거쳐 고향에 도착했다.
그래픽: 〈중앙일보〉 그래픽팀

갈 수 없는 현실로 보면 남한은 사실상 하나의 섬이 됐다.

2016년 연해주 일대를 돌아본 황석영 작가는 분단된 한반도의 현실과 관련하여 다음과 같이 이야기했다.

"'초원 길'은 고구려 이전부터 유라시아 대륙을 횡단해 중앙아시아와 유럽을 잇는 길이었다. 고대 사서에서도 고조선 신시(神市) 처럼 이들 다양한 민족과 문화와 교역이 기록되어 있으며 사실 고구려와 발해는 '유목연합'이었던 셈이다. … 우리는 분단 이후 모든 동포가 국내에 살든 해외에 살든 결국 거처를 상실한 난민이 되어 버렸다. 지도를 거꾸로 놓고 들여다보기가 몇 년 전부터 젊은이들 사이에 퍼졌다. 이를테면 한라산쯤에 눈을 대고 위를 올려다본다. 저 위에 광활한 대륙이 펼쳐지기 시작한다. 그러나 휴전선을 따라 북녘 땅을 손바닥으로 가리면 우리는 돌연 섬에 갇히고야 마는 것이다."

오디세우스는 트로이 전쟁이 끝난 뒤 10년 동안 이국땅을 거쳐 고향인 이타카로 돌아갔다. 마찬가지로 우리도 며칠 동안 낯설지만 한국 역사의 유물과 기념비로 가득한 지역을 탐사했다. 그것은 한국 역사의 엄청난 슬픔뿐 아니라 놀라운 미래의 잠재력을 우리에게 보여 줬다. 오디세우스처럼 우리도 전쟁과 분단의 유산을 함께 성찰했다. 우리가 만난 사람들, 우리가 방문한 도시들, 우리가 들어간 성과 묘역에서 새로운 사실을 배웠다.

러시아 쪽 북한 접경을 방문한 2016년 평화 오디세이는 유라시아와 통합을 확대할 때 전체 잠재력이 어느 정도일지 알아보는 기회였다. 마지막 날 러시아 극동지역의 우수리스크에서 밤늦은 시각까지 열띤 토론이 벌어졌다.

우수리스크에서 옥수수·콩·귀리를 경작하는 현대중공업의 방대한 농장 앞에 섰을 때 우리는 그 지역의 잠재력을 우리 눈으로 직접 목격했다. 6,800만 헥타르의 이 농장은 한국의 금융 중심지인 여의도의 23배 면적이다. 2009년부터 현대중공업이 성공적으로 운영하며 생산된 작물을 러시아와 중국에 판매해 왔다.

오디세이 참가자 중 상당수는 한국에서 벗어나 북한과 경계를 나눈 땅을 직접 본 적이 없었다. 또는 한국이 주변 지역과 얼마나 깊은 연관성을 갖는지 눈으로 확인한 적도 없었다. 그런데 갑자기 눈이 번쩍 뜨이면서 그 한없이 푸른 하늘 아래 펼쳐진 유라시아의 엄청난 잠재력이 시선에 들어온 것이다. 우리 상상력은 녹색 평야의 물결을 따라 지평선과 맞닿은 산맥으로까지 뻗어 나갔다.

우리는 아무르강을 바라보며 러시아·중국·몽골에서 흘러나오는 여러 갈래의 강물이 합류해 그처럼 도도한 물줄기를 이루며 동쪽 태평양으로 흐르듯이 우리도 지역 주민들 간에 '평화의 합류'(confluence of peace)를 형성해 새로운 잠재력을 분출할 수 있으리라고 상상했다. 아무르강의 합류는 새로운 조화와 협력의 문화를 통해 경쟁과 축출의 제로섬 게임을 뛰어넘을 수 있음을 보여 줬다. 어쩌면 새로운 평화의 합류가 역사의 교향곡에 더 큰 멜로디를 자아내 여러 차례의 발전과정을 거치며 한반도의 평화통일에 이를지도 모를 일이다.

'평화 오디세이 2016' 참가자들이 러시아 연해주에 있는 현대중공업 하롤 농장을
둘러본 후 기념촬영하였다. - ⓒ 중앙포토

하롤 농장에서 삼삼오오 진지한 토론을 벌이는 '평화 오디세이 2016' 참가자들
ⓒ 중앙포토

한 참석자는 그것을 이렇게 요약했다.

"하바로프스크에서 아무르강을 건너다보며 만감이 교차했다. 우수리강과 합류 지점이기 때문에 강이 바다만큼이나 넓다. 웅장한 강을 바라보면서 충돌이 불가피한 흡수통일보다는 합류를 통한 평화통일을 지향해야 한다는 생각이 자연스럽게 들었다."

이에 오디세이 그룹에서 박수갈채가 터져 나왔다. 그는 참가자 개개인을 대신해 눈앞의 광경과 그 중요성을 결합시켰다. 보수와 진보 양 진영의 대표적인 인물들로 이뤄진 이번 여행에서 우리는 함께 여행하고 식사하고 밤늦게까지 술잔을 나누는 과정을 통해 많은 문제에서 컨센서스에 도달했다. 우리는 평화통일로 향하는 길을 다짐하는 '아무르 결의문'을 작성했다. 보수 기업인들을 포함해 우리의 입장을 구체적이고 실행 가능하게 천명했다.

오디세이는 6일 동안 1만 킬로미터 가까운 여정으로 이어졌다. 동아시아와 모스크바 그리고 그 너머 유럽까지 철도로 연결된 블라디보스토크역에서 출발해 북한과 경계를 이루는 두만강 북쪽 자루비노항까지 이동했다. 전문가들은 자루비노를 북한과 협력이 가능한 산업 개발에 이상적인 지역으로 간주한다. 우리의 여정은 아무르와 우수리강이 만나는 하바로프스크에서 막을 내렸다.

여행은 한국 역사에서 러시아의 역할을 돌아보는 기회도 됐다. 우리는 우수리스크를 방문해 그곳을 기반으로 일본의 식민통치에 맞서 싸운 한국 독립운동가들에 경의를 표했다. 그들은 러시아 연해주를 근거지로 삼았으며 우리는 그들이 정확히 어떤 경험을 했는

'평화 오디세이 2016' 참가자들이 몽골어로 '평화'란 뜻을 가진 아무르강의 선상에서
세미나를 마치고 기념촬영을 했다. - ⓒ 중앙포토

지 알고자 했다. 그곳에서 숨진 순국선열 59인에게 경의를 표하고 '한국 현대수학 교육의 아버지'로도 알려진 독립운동가 이상설(1870 ~1917) 기념비에 헌화했다. 그리고 일제통치에 저항해 러시아에서 독립운동을 이끈 한국 정부 관료로서 그의 방황을 추적했다. 우리와 많은 역사·문화를 공유하지만 우리가 충분히 알지 못하는 러시아 한인들의 문화센터도 방문했다.

며칠간의 논쟁과 숙고 끝에 우리가 모색하는 이 같은 '평화의 합류'에 러시아가 소중한 파트너가 될 수 있다는 결론에 도달했다. 한국의 대 러시아 관계는 중국이나 일본만큼 제도적인 깊이는 없지만, 러시아가 동부지역 개발에 한국의 참여를 요청하며 유라시아로 향하는 통로를 기꺼이 제공하려 한다는 것을 알 수 있다. 우리는 러시아와 협력하는 방법이 다양하며 이를 통해 북한과 평화로운 관계를 촉진할 수 있음을 여행을 통해 알게 됐다.

우리가 그렇게 많은 시간을 들여 현지를 단체 방문해 구체적 현안을 직접 보고 논하지 않았다면 그렇게 많은 가능성을 생각해 낼 수 없었을 것이다. 우리가 서울로 돌아올 무렵엔 그 점에서 추상적인 부분은 전혀 없었다.

그러나 평화로운 합류로 향하는 길에서 러시아·중국·한국 간의 관계 개선이 전부는 아니다. 이 프로젝트는 서울의 길거리와 커피숍에서 일어났던, 그리고 가까운 친구였던 지도자들 사이에 뽑기 힘든 쐐기를 박아 넣었던 과거의 이념 투쟁에서 생긴 상처의 치유와 더 깊은 관계가 있었다. 그런 내부 분열이 가장 해결하기 어려운 문제인데 도쿄와 워싱턴에서도 그런 현상이 나타나는 듯하다.

예컨대 2016년 오디세이에 참가한 소설가 황석영 씨는 1964년 좌익활동으로 체포됐으며, 그 뒤로 노동운동과 밀접한 활동을 해왔다. 그는 베트남 파병에서 돌아온 뒤 베트남 전에서 한국의 역할에 관해 잔인할 정도로 솔직하게 묘사했으며, 1970년대와 1980년대 한국 정부의 불법과 부정을 비난하고 북한과의 관계 개선을 공개적으로 촉구했다. 1989년에는 남·북 교류의 일환으로 평양을 방문했는데 그것이 정부 당국의 심기를 건드려 국가보안법 위반으로 7년형을 선고받았다. 그는 미국과 독일에서 몇 년을 보내다가 1993년 마침내 귀국해 곧바로 구속·수감됐다.

우리 그룹에는 황석영 작가에 거부감을 느끼는 보수파 인사도 있었다. 그의 정치 성향을 급진적으로 간주했으며 그가 남한의 경제적 성취를 경시하는 걸 불쾌하게 여겼다. 보수 성향의 한 참석자는 나중에 이렇게 털어놓았다.

"황석영 씨를 처음 만났을 때 극도로 거북했다. 그러나 우리는 아주 많은 시간 대화를 나눴으며 물론 술잔도 많이 나눴다. 오디세이 여행 동안 많은 시간을 함께 보내면서 생각이 바뀌었다. 지금은 대화할 때 웃음이 끊이지 않는다. 상당히 호감이 가는 사람임은 부인할 수 없다."

그것이 전부가 아니었다. 다른 두 명의 보수파 인사인 정의화 전

국회의장과 정덕구 전 산업자원부 장관은 황 씨 그리고 보수파 소설가 이문열 씨와 요즘 현안들을 놓고 8시간 동안 광범위한 토론을 벌였다. 여러 곳의 커피숍과 주점에서 열린 이들 정치인과 작가들의 대화 결과는 독특했다.

소설가들은 관행적으로 받아들여진 공식에 얽매이지 않고 창의적으로 바라본 문제들을 상정할 수 있었고, 정치인들은 경제와 국내 정치 현실에 근거해 토론을 전개하고 또한 일반인들에 전달하는 데 어떤 수사법이 필요한지 제안할 수 있었다.

정덕구 전 장관은 "황 씨와 대화한 뒤 많은 분야에서 생각이 비슷하다는 것을 깨달았다"며 덧붙였다. "내가 '국내적으로나 외교적으로나 나라가 심각한 위기에 처해 있는 것 같다'고 설명하자, 그는 '기본적으로 같은 생각이다. 당신이 마음에 든다'고 말하더라." 오디세이를 마칠 때 두 사람은 친구가 됐다. 정 전 장관은 이렇게 설명했다.

"정말 깊은 대화를 나눌 기회가 있었기 때문에 서로 다른 각도에서 이슈에 접근하면서도 보수파와 진보파의 관점이 비슷하다는 것을 알게 됐다. 우리가 이런 공통점을 찾아내 그것을 바탕으로 신뢰를 쌓아 갈 수 있다는 데 이 오디세이의 가치가 있다."

소설가 이문열 씨도 1997년 금융위기에 관해 두 보수 정치인과 나눈 대화에 큰 흥미를 느껴 그것을 주제로 소설을 쓸 계획이다. 김석동 전 금융위원장도 황 씨와 대화를 마친 뒤 형제를 새로 얻은 듯한 기분을 느꼈다.

"나보다 10살 위의 작고한 형님 건축가 김석철이 황석영 씨와 가까운 친구였음은 여기 와서 처음 알았다. 대화를 나누면서 우리가 약간 다른 길을 걸어 왔지만 많은 문제에서 생각이 같다는 것을 깨달았다. 진보파들은 한국의 민주화 역사를 강조하면서 산업화의 중요성을 외면하는 경향이 있다. 황 씨와 대화할 기회를 가졌을 때 내가 잘못 생각했다는 것을 깨달았다. 황 씨는 한국 같은 경제성장을 이룬 나라는 또 다시 없다고 내게 말했다."

대북 정책과 관련해서는 참가자들 사이에 이견이 상당했다. 하지만 참가자들은 당초의 가정을 뛰어넘어 북한에 어떤 제재가 가해지더라도 그와 동시에 북한과 대화를 병행할 수 있다는 공통된 결론에 도달할 수 있었다. 이란 핵 프로그램과 관련된 협상 등 우리가 본보기로 삼을 만한 다른 사례들을 검토한 뒤 이란에 문호를 열어둔 것이 현명한 결정이었다는 데 뜻을 같이했다.

우리가 버스를 타고 시골길을 따라 이동하는 몇 시간 동안 마이크가 계속 발언자에서 다음 발언자로 이어질 정도로 토론 열기가 뜨거웠다. 다행히 참가자 중 서울대 신범식 교수 같은 러시아 전문가들이 포함돼 그들의 탁견(卓見)을 바탕으로 토론이 옆길로 새지 않고 궤도를 유지할 수 있었다.

토론은 역사와 지정학에 국한되지 않았다. 러시아 비즈니스의 잠재력에 관해 여러 차례 강연이 있었으며, 토론 말미에 참가자들은 도로건설 공사와 인프라 프로젝트에 어떻게 투자할지를 두고 적극적인 논쟁을 벌였다. 그 열기는 현실세계 비즈니스로 확대됐고, 자원과 공장 그리고 도시의 성장을 목격한 터라 우리는 더욱 고무됐다. 단순히 기업인 그룹이었다면 평화 오디세이는 성공하지 못했을 것이다. 작가·학자·관료 그리고 NGO 지도자들이 처음부터 끊임없이 소통한 덕분에 그런 큰 변화가 있었다. 여행은 모든 참가자들에게 근본적인 변화를 가져왔다.

　미래 경제성장에 관한 열띤 토론을 모두 소화한 뒤 마지막으로 통일에 관해 진지한 논의에 돌입했다. 나는 개방과 관용의 규칙을 따라 토론을 진행해야 하며, 항상 진보와 보수의 관점을 모두 고려하자고 제안했다. 우리는 처음부터 타협이 필요할 것이며, 다른 아이디어에 완고하게 저항하는 식으로는 어떤 소득도 얻지 못한다고 가정했다.

　김진태 전 검찰총장은 이렇게 평했다.

　"우리가 통일과 관련해 토론을 시작했을 때 우리 입장에는 뚜렷한 일관성이 있었다. 사람들을 직접 만나 토론해 보니 남·북 관계 확대나 유라시아와의 통합 추진을 가로막는 어떤 이념적인 장애물은 없는 듯했다. 이 토론에서 러시아 연해주의 역사적인 역할은 의심의 여지가 없었다. 연해주에서 활동한 한국인 독립투사들은 사회주의와 소련에 이끌렸으며 결과적으로 남한에선 이념적인 이유로 그들의 업적을 인정하지 않았다. 우리 모두가 이념을 초월해 독립투사들에 관한 진실을 알아야 한다는 인식을 갖게 됐다."

자신이 쌓아 올린 정치적 성(城) 안에 틀어박혀 비슷한 생각을 가진 사람들끼리 뭉치는 것은 더는 불가능했다. 따라서 토론은 평소보다 훨씬 더 많은 진전을 보였다. 한국교통연구원 유라시아 담당 안병민 선임연구원은 이렇게 평했다.

"보수파와 진보파를 가르는 보이지 않는 벽이 완전히 헐린 듯이 느껴졌다. 통일한국에 대한 모두의 비전이 같다는 가정에서 출발해 거꾸로 추론을 전개했기 때문에 한국이 다시 유라시아와 태평양 간의 연결고리 역할을 하는 대륙국가가 될 필요가 있다는 데 의견을 같이할 수 있었다."

2015년 6월의 중국 쪽 '평화 오디세이'도 마찬가지로 통일한국 북부의 중국 접경이 될 지역을 따라 걷는 동안 70년에 걸친 한반도 분단을 고찰하면서 통일이 어떤 모습일지 상상하는 기회였다. 중국 동북부 도시 선양(瀋陽)으로부터 북한과 접한 엔지(延吉)까지 1,400킬로미터를 이동했다. 여행 중 단둥(丹東)·퉁화(通化)·지안(集安)·송장허(宋江河)·백두산·얼다오바이허(二道白河)·훈춘(琿春)·팡촨(防川)에 들렀다. 그 팀에는 전 총리들을 비롯해 변호사·교수·기자·시인·음악가·의사·시민운동가가 포함됐다.

우리는 과거 수차례 한민족의 영토였으며 많은 조선족이 거주하는 이 지역의 복잡한 역사를 고찰하려는 노력도 했다. 발해 제국(698~926)의 수도였던 훈춘도 방문했다. 한민족의 막강한 유산임에도 불구하고 그 중요성에 대한 이해는 미흡한 곳이다. 우리가 현지를 답사하고 과거 사료를 읽고 미래를 상상하는 동안 전에 없던 전율이 온몸에 느껴졌다.

통일을 둘러싼 역사적 현안과 미래 통합의 잠재력에 관한 우리 토론에 소설가 김훈도 적극 참여했다. 그는 여행에 관해 이렇게 설명했다.

"만주는 넓어서 지평선이 하늘에 잠겨 있었고, 백두산 천지의 검은 바위에는 화산이 폭발할 때 끓어오르던 불의 힘이 그대로 남아 있는 느낌이었다. 우리는 두만강 하구로 이동해서 한반도와 중국, 러시아 국경이 마주치는 훈춘·팡촨 지역을 돌아보았다."

여행 첫날 우리 그룹은 중국의 번화한 도시 단둥에 도착해 혼잡한 차량 행렬을 뚫고 호텔을 찾아갔다. 압록강 건너편에 위치한 북한 신의주가 우리의 시선을 사로잡았다. 경제적으로 단둥에 의존하지만 침체되고 쓰러져 가는 도시다. 1943년 완공된 조중(朝中) 우의교(압록강 철교)는 신의주와 단둥을 연결하는 유일한 육로다. 북·중 무역의 약 70%가 신의주와 단둥 허브를 통과한다.

압록강 건너 북한을 살펴본 김훈은 이렇게 회고했다.

"철조망이 끝없이 강을 따라왔으나 강물은 합치고 휘돌면서 기어코 제 갈 길로 흘러가고 있었다. 큰 강은 스스로 자유로웠고, 역사는 산천 앞에 부끄러웠다. 이 부끄러움 안에서 희망의 어린 싹이 돋아날 수 있기를 나는 강에게 빌었다."

둘째 날 우리는 '70년에 걸친 분단·평화·통일에 관한 소고' 테마의 세미나를 열었다. 우리 그룹은 열띤 논쟁을 마친 뒤 "역사·경제·사회·외교·지정학의 많은 근본적 이슈들을 모두 한자리에서 다루면서 모든 참가자들에게 완전히 개방적인 분위기였던 이런 토론은 처음이다"고 한목소리로 말했다.

우리는 이어 압록강의 황금평섬에 들렀다. 북한과 중국이 자유무역지대 개발을 합의한 곳이다. 그러나 5년이 흘렀지만 여전히 완공되지 않은 정부 건물 말고는 어떤 진전도 없었다. 수 세기 동안 그래 온 것처럼 농민들이 땅을 일구고 있었지만 거창한 약속은 하나도 실현되지 않았다. 압록강의 이 녹색 섬 개발은 경제전략과 정치 갈등으로 중단됐으며, 우리들의 마음속에는 그런 예기치 못한 변화에 사람들이 어떤 고통을 받을지 의문이 생겨났다.

우리가 목격한 풍경은 종종 우리 토론의 자양분이 됐다. 우리는 지린성 지안을 싸고도는 중국 201국도(G201) 옆을 따라가며 여름을 맞아 신록으로 우거진 산들을 목격했다. 저 높이 강렬한 햇빛으로 밝게 빛나는 산들은 하늘을 향해 소리치는 듯했다. 그 뒤 산에서 내려오자 끝없는 들판이 우리 앞에 펼쳐졌다. 그 너머 평야의 먼 끝자락에서 또 다른 산맥이 하늘로 솟아올랐다. 세상의 끝이 보이지 않고 서울의 혼잡한 거리에서 평소 보는 것과는 전혀 다르게 느껴졌다. 서울의 북쪽 경계에선 철조망이 둘러쳐진 비무장지대(DMZ)만이 우리를 기다렸다.

유적지 방문은 여행에서 토론의 완결성과 깊이를 더해 준 여행의 또 다른 요소였다. 예컨대 고구려의 광개토대왕(재위기간 390~413)의 정벌을 기록한 '호태왕비'(好太王碑)를 찾아갔다. 광개토대왕은 지금의 중국과 러시아 영토 깊숙이까지 고구려의 변경을 넓힌 인물이다. 비석에 새겨진 1,775개의 한자는 북부 초원지대 정벌을 묘사했으며 이 지역의 복잡했던 정치·문화적 역사를 떠올리게 했다.

어쩌면 오디세이의 절정은 백두산 등반이었다. 산길을 따라 올라가는 동안 먹구름이 하늘을 뒤덮었다. 간헐적으로 지나가는 소나기 때문에 우비를 착용해야 했다. 궂은 날씨 탓에 정상의 전설적인 천지(天池)를 구경 못하지 않을까 은근히 걱정이 됐다.

마침내 백두산 정상에 도달했다. 중국과 북한 사이에 자리 잡은 유명한 천지가 짙은 안개로 덮여 있었다. 그러나 우리가 가장자리에 서서 기다리는 동안 안개가 서서히 걷히면서 때 묻지 않은 호수가 우리 눈앞에 모습을 드러냈다. 검푸른 물이 베일을 벗고 바닥이 보이지 않는 심연(深淵)을 보여 주면서 우리의 능력으로는 이해하지 못할 신비롭고 성스러운 뭔가를 말해 주는 듯했다.

백두산을 소재로 한 최남선의 《백두산 근참기(覲參記)》(1926)가 떠올랐다.

이마를 스치는 것은 백두산의 바람이요, 목을 축이는 것은 백두산의 샘물이며, 갈고 심고 거두고 다듬는 것은 백두산의 흙이다.

북파(北坡) 길로 백두산 천지에 오른 '평화 오디세이 2015' 일행 - ⓒ 중앙포토

천지(天池)를 처음 보았지만 그 순간 나는, 국토분단의 아이러니와 비극을 생각하게 됐다. 우리 일행 모두가 그랬을 것이라고 나는 믿는다.

우리는 북한의 북쪽 접경에서 압록강과 두만강을, 그리고 여기서 평온한 호수를 목격했다. 우리에게 너무나도 익숙한 DMZ의 철책선이 아니었다. 이 경험으로 우리의 마음이 활짝 열리며 상상력이 나래를 펼치기 시작했다. 우리는 처음으로 나아갈 길, 진정한 변화로 향하는 길을 목격했다.

시인 고은은 백두산에 오른 경험을 다음과 같은 시로 남겼다.

아니다/ 다섯 번 왔다

아니다/ 앞으로 두 번 왔다/ 뒤로 세 번 왔다

아니다/ 두 번이건/ 세 번이건/ 첫 번이다

백두산 첫 번/ 아흐아흐 백두산/ 여기는 언제나 언제까지나 처음이다

여기는/ 여기 오기 전/ 언제까지나/ 생전 처음으로 오는 곳이다

깨달으라/ 백두산은 백두산의 처음이다

여기서 시작한다/ 나의 일생을

나의 무엇을/ 여기서 시작한다

나의 아득한 신시(神市)를/ 백두산

여기서/ 산 넘어/ 강 건너/ 바다 건너/ 막 태어난 탐라 한라산을 부른다

부르자마자/ 한라산이

여기 백두 열여섯 봉우리/ 하나하나를 부른다

두 처음의 운명이 나의 운명이다

백두산/ 여기서 지리산을 부른다

가야산을/ 내장산을/ 변산을/ 소백산맥 속리산 문장대를/ 소백산을
부른다

치악산 골짜기를 부른다/ 계룡산을 부른다

월악산을 부른다 긴 차령을 부른다/ 광교산 청계산을 부른다

남한산/ 북한산을 부른다

연달아/ 도봉 수락 불암을 부른다

감악산/ 멸악산맥 넘어/ 구월산을 부른다

오대의 살과 설악의 뼈를 부른다/ 금강 1만 2천 봉을 부른다

해금강 잠들지 않는 파도소리를 부른다/ 낭림 묘행을 부른다

개마더기 건너/ 대연지봉을 부른다

남포태 북포태를 부른다

백두산/ 여기로부터 몇천 년은 어제가 아니다

눈 뜬 오늘이다

시퍼렇게/ 시퍼렇게/ 유일무이의 오늘이다

여기로부터/ 몇천 년은/ 몇천 년의 원년이다

여기로부터/ 몇천 년의 내일을 여는 씨족(氏族)의 태초이다

처음으로 오는 곳/ 숭고한 곳

처음으로 내려가는 곳/ 비장한 곳

여기야말로 처음이고 어쩔 수 없는 첫 번이다

저 한라산 위/ 구름의 물 백록담을 머리에 이고

여기 백두산 위/ 하늘의 물 천지를 등에 지고

처음의 혼례 맞이하여/ 3천 리 강산의 첫날밤을 연다

몇 번 올랐다

이제나/ 저제나/ 첫 번이다

전례 없는 먼동 트는 처음이다

하나의 길에/ 하나하나의 그림자가 이어진다

백두산으로/ 한라산으로/ 수수만만 앞산 뒷산으로

몇 바다 억조(億兆) 의 파도 위로

하나하나의 얼과 넋들 솟아오른다

싹이다/ 떡잎이다/ 잎이다/ 꽃이다/ 열매다/ 천년의 생사이다

아호 백두산 신시/ 네 이름을 몇천만의 합창으로 부른다 오라

— 고은(1933~), 〈백두산에 올라〉

또한 재즈의 요소들과 한국 전통음악을 결합하는 대중음악가이자 소리꾼 장사익은 백두산 등반을 이렇게 돌이켰다.

"나는 평생 백두산 등반을 꿈꿔 왔다. 실제로 백두산 등반로가 열린 뒤 많은 사람이 찾아갔지만 나는 가지 않았다. 아주 오랫동안 마음속에 소중하게 간직했던 백두산으로의 여행이 아무 의미 없는 단순한 관광이 되기를 원치 않았기 때문이다. 깨끗하고 신선한 바람이 내 몸을 더듬었다. 하늘의 손에 애무를 받은 듯 나는 노래를 토해 냈다."

나 하늘로 돌아가리라.

새벽빛 와 닿으면 스러지는/ 이슬 더불어 손에 손을 잡고.

나 하늘로 가리라.

노을빛 함께 단 둘이서/ 기슭에서 놀다가 구름 손짓하면은.

나 하늘로 가리라.

아름다운 이 세상 소풍 끝내는 날/ 가서, 아름다왔더라고 말하리라.

— 천상병(1930~1993), 〈귀천〉

장사익의 노래는 감동적이었지만, '평화 오디세이'의 경험은 결코 단순히 우리 감정의 문제만은 아니었다. 이번 여행의 결과, 한국 미래 발전의 움직일 수 없는 논리가 더 분명하게 보였다. 남한이 북한과 교류를 더 확대하지 않아 입은 막대한 경제적 손실이 눈에 보였다.

이 경험으로 오디세이 참가자 30명 모두 통일은 빠를수록 좋다는 결론에 도달하게 됐다. 서울에선 아무리 많이 토론해도 그런 결론에 도달할 수 없었다. 공기를 호흡하고, 산을 오르고, 북쪽의 퇴락한 도시를 목격하고, 한국의 과거와 미래에 관해 밤늦게까지 토론한 뒤에야 상황이 이해됐다는 확신을 가질 수 있었다.

중국행 '평화 오디세이'의 결과, 우리는 확신을 갖고 성명서를 작성할 수 있었다. 거기에는 평화·공동번영·통일의 목표로 우리를 이끄는 원대한 프로젝트에 한국 사회 전체를 참여시킬 수 있는 구체적인 방안이 담겼다.

'평화 오디세이'를 돌이켜 생각할 때 바로 거기에 새로운 동북아 외교 접근법의 엄청난 성공 잠재력이 있다고 본다. 오늘날의 현실에 더 걸맞은 국제관계의 패러다임을 새로 구축하고 정체된 6자회담에 활력을 불어넣을 수 있는 접근법이다.

　어쩌면 중국·일본·한국·러시아·미국의 대표적 인물들이 한데 모여 일련의 세미나를 열고, 유적지를 방문하고, 산행(山行)을 하는 평화 오디세이를 기획할 수도 있겠다. 그 나라들의 외교관·정치인·기업인들뿐 아니라 뮤지션·배우·예술가·작가들도 함께 불러 모아 일련의 창의적이고 개방된 토론을 갖고 모든 참가자들이 마음 편히 집단 상상력을 발휘하도록 할 수도 있다.

　압박감을 덜어 주고, 유대를 형성하고, 모두 창의적인 활동에 참여시키는 방법으로 편안한 환경에서 실질적인 경제·정치 이슈를 새롭게 검토하는 공간을 조성할 수 있다.

　문화·역사 관련 토론에 창의적인 활동을 함께 엮어 참가자들의 활발한 참여를 유도할 수도 있다. 나중에는 이 모든 나라의 지식인과 정치 지도자들이 한발 물러나 가능한 접근법을 모두 검토하고, 어쩌면 달빛 아래의 숲속 산책, 심야의 술자리, 이른 아침의 커피 타임, 그리고 흥겨운 음악과 댄스 시간 중 우리를 미래로 인도하는 프레임워크를 구축할 수 있을지 모른다.

외교와 불교의 실효성

오늘날의 외교는 기능을 제대로 발휘하지 못한다. 협상 없이 문제를 바로잡으려 할수록 문제가 더 심각해지는 듯하다. 최근 이라크나 시리아 같은 나라의 문제가 대단히 심각해졌다. 우리가 외교의 기본을 잘못 알고 있는지 의구심을 품어야 할 정도다. 분명 북한과 이란 핵 프로그램을 둘러싼 끝없는 갈등은 최정예 외교관들의 노하우를 뛰어넘는 까다로운 문제들을 안겨 줬다.

일부는 '공공외교' 같은 용어로 그런 문제에 대응하려 한다. 그러나 나는 우리가 한발 물러나 외교의 성격을 더 큰 인간관계 영역의 일부로 간주해야 한다고 본다. 그래서 어떤 기발한 묘책(妙策)을 통해서가 아니라 인간관계와 인간 본성의 본질적인 문제를 직접 확인하는 방법으로 잠재적인 노선을 찾아야 한다.

요즘 같은 글로벌 통합의 시대에 심각한 외교적 긴장, 그리고 때때로 무시무시한 충돌이 빚어지는 게 기이해 보일지도 모른다. 그런 문제는 17세기 이후 국제전략을 지배해 온 서방 외교 전통의 저변을 이루는 근본 가정에서 일부 원인을 찾을 수 있다.

국제관계의 바탕을 이루는 서방 외교 전통은 조직적인 '기브 앤 테이크'를 통해 복잡한 현안에 접근해 컨센서스에 도달하는 위력적인 도구를 제공한다. 그런 '기브 앤 테이크'는 보편적이고 통합된 일단의 원칙을 따른다. 그러나 그런 시스템에선 라이벌 의식을 외교의 기본 원칙으로 가정한다. 그리고 그런 전통에서 교육받은 대다수 전문가는 국제통합의 원대한 구상을 비현실적이라고 일축한다.

서방 외교사 전반에 걸쳐 헤게모니를 잡기 위한 승자독식(勝者獨食) 투쟁을 통해 한쪽이 상대방을 제압해야 한다는 가정이 대세를 이뤄 왔다.

그러나 요즘 같은 글로벌 커뮤니티의 시대, 그리고 기후변화, 사이버전쟁, 비 국가세력, 무인기 같은 공통 관심사의 시대에 그런 비전이 적절할까? 모두가 모두와 경쟁하는 세상에서 모든 관계가 이뤄져야 하는 걸까, 아니면 새로운 가능성을 제시하는 다른 강력한 지적 전통에 기초하는 대안을 마련할 수 있을까?

나의 외교경험상 도교(道敎)·유교(儒敎) 그리고 무엇보다 불교(佛敎)의 동양철학 전통이 충분히 성숙된 외교에 대안을 제시한다고 본다.

특히 불교에선 경쟁보다 조화(調和)에 중점을 둔다. 그리고 상호 연결된 세계에서 외교적 도전과제에 대처하는 데 필요한 관점을 잃지 않고 대처해 나갈 수 있는 구체적인 전략을 제시한다.

불교적 접근법에선 인간이 항상 협력하리라는 순진한 가정(假定)을 전제로 하지 않는다. 그보다는 어느 상황에서나 진정한 발전 잠재력을 들여다보는 통찰을 던져 준다. 관계의 이중성과 복잡성을 인지할 때 파악할 수 있는 잠재력이다. 인간관계에는 언론 보도에서 흔히 나타나는 단순한 선악의 인상을 뛰어넘는 더 근본적인 패턴이 있다.

　외교는 자신의 행동을 정당화하는 전략이며 입으로만 조화를 외치는 무자비한 게임이라고 가정하는 사람이 많다. 국제관계는 항상 그런 식이었다고 가정한다. 하지만 정말 그렇다는 증거가 있는가? 만일 외교의 목표가 조화라면?

　서방 외교 전통에서 국가 간 조화의 개념은 결코 낯설지 않다. '유럽의 조화'(concert of Europe)를 이루기 위한 역사적인 외교 목표는 평화롭고 협력적인 질서에 대한 그와 같은 갈망에 어필할 듯하다. 하지만 그럴싸한 은유에도 불구하고 이 용어는 완곡한 표현으로 이해하는 편이 나을 것이다. 강대국이 소국의 문제를 자신들에게 유리하게 처리하는 것을 듣기 좋게 부르는 이름이다.

　한 역사가의 표현을 빌리자면 '유럽의 조화'는 "실제로는 강대국들끼리 합의한 것을 소국들이 강압에 못 이겨 이행하는 것을 뜻하는" 것이었다. 2

　불교에선 국제관계에 대한 그런 패권주의적 접근법이 안전보장 목적으로는 자존감을 지켜 주고 조화를 이루려는 노력보다 효과가 떨어진다고 간주한다. 이 문제는 극히 실제적이다. 사물의 이면에

---

2 Gilbert, F. & Large, D. C. (2008). *The End of the European Era: 1890 to the Present* (*The Norton History of Modern Europe*). New York: W. W. Norton & Company.

더 근본적인 질서가 존재하며 우리의 조화의식이 작은 상징적 조치들을 통해 드러나면서 토론의 성격 자체를 긍정적인 방향으로 바꿔놓는 역할을 할 수 있다.

서방 전통에선 체스 게임이 외교를 상징한다. 서방 전략가는 상대방의 말을 잡고 궁극적으로 체크메이트(checkmate)를 불러 왕을 잡아야 하는 제로섬 프레임워크를 가정한다. 물론 이런 접근법이 유럽에만 있는 건 아니다. 실제로 '체크메이트'라는 용어는 원래 '왕은 죽었다'는 뜻의 페르시아어 표현에서 나왔다.

그러나 보다 품위 있는 동양의 게임 방식은 공존과 공영을 토대로 한다. 바둑 같은 게임은 서양의 체스와는 근본적으로 다르다. 바둑은 적을 무자비하게 제거하기보다는 경쟁을 하면서도 선수 상호간의 조화를 전제로 한다.

서양의 체스는 헤게모니에 기초한 단 한 가지의 승리만을 전제로 한다. 왕을 추격해 죽이는 순간 게임은 끝난다. 그러나 바둑에선 게임에서 승리하는 방법이 수없이 많다. 반 집 또는 수십 집 차이로 이길 수도 있다. 경기의 승자는 있지만 수많은 잠재적인 게임이 댄스처럼 펼쳐지며 성공은 완전한 지배를 의미하지 않는다. 바둑에서 성공은 조화와 균형의 유지에서 비롯된다.

균형의 은유는 조화와 마찬가지로 서방 외교 전통에서 기술적 용어로 오랫동안 자리를 지켜 왔다. 18~20세기 초 '세력균형'(balance *of power*) 개념은 유럽 대국들 사이에서 국제관계의 지침 역할을 했다. 이 원칙에 따라 어느 한 대국이나 블록의 헤게모니를 막으려는 외교 노력에 동맹 변화와 국가 간 이해의 확대가 집중되었다. 노력은 고상했지만 그것이 추구하는 균형의 성격은 변함없이 제한적이었다.

이 같은 접근법은 기성 강대국 그룹의 목적과 이해만 인정하고 보호했다. 다른 나라와 국민들은 지배와 식민지 통치를 위한 경쟁에서 흔히 장기판의 졸(卒) 역할을 했다. 20세기 초 한국의 비극적인 경험은 이 같은 역사의 대표적 사례다.

안타깝게도 강대국 간 균형 재설정의 필요성이 끊임없이 제기되는 것은 균형 원칙 자체를 바람직한 목표 또는 지침으로 간주하는 나라가 없다는 사실에서 비롯된다. 그보다는 라이벌이나 적들이 암묵적인 목표를 달성하지 못하도록 하는 수단이었다.

다시 말해 게임 참가자는 저마다 상대적인 지위·권력 피라미드의 꼭대기에 도달하려는, 그리고 다른 경쟁자의 일에 결정적인 영향력을 행사하려는 목표를 은밀히 유지하고 있었다. 균형은 하나의 목표가 아니라 냉혹한 글로벌 지배를 추구하는 도구에 지나지 않았다.

이 같은 시스템에서 유지되는 균형은 어느 한쪽이 자신에게 유리하도록 균형을 깨지 못하는 상황에서만 지속될 수 있는 불안정한 것이었다. 균형과 그것이 수반하는 이득만으로 가치 있는 목표라는 확신이 없었다. 그러한 불안정한 균형에 내재한 위험은 제 1차 세계대전 발발에서 확연히 드러났듯이 아무리 강조해도 지나치지 않다.

불교에서 균형은 본질적인 가치다. 그리고 그런 접근법은 북한과 동북아 질서와 관련해 당장 응용이 가능하다. 북한 정권에 패권주의(覇權主義) 사고방식으로 접근하는 서방 전략가들이 많다. 그들은 우리가 북한을 '압박해' 정권교체 또는 최고권력자 제거를 이룸으로써 승리해야 한다고 가정한다. 그러나 우리가 경험으로 알듯이 그런 접근법이 반드시 성공을 가져오지는 않는다.

미국의 수십 년에 걸친 중남미와 중동 개입은 일방적인 개입이야말로 저마다 훗날 '역풍'(逆風)의 위협을 수반한다는 것을 보여 줬다. 이라크와 아프가니스탄이 좋은 사례다. 그런 예기치 못한 결과로 갈등이 더 깊어지고 확대되는 것이다. 단기 목표는 달성될지 몰라도 조화가 깨지면서 특히 보통 사람들에게 새로운 문제가 야기된다. 어쨌든 북한 문제에서 핵무기 제거는 중요하지만, 그 과정에 파괴가 수반될 경우 더 큰 문제만 초래한다.

수십 년에 걸친 북한 정권교체 정책은 상황 개선에 어떤 도움도 되지 않았다. 오히려 불안정과 공격성만 부채질하는 듯하다. 우리는 잠시 뒤로 물러나 그 같은 접근법으로 평화에 이르는 진정한 길을 찾기에는 기본 전제 자체가 변화하지 않았나 자문(自問)해 볼 필요가 있다.

외교관으로 활동하는 동안 나는 끊임없이 불교의 지혜에서 답을

구했다. 마음챙김(mindfullness)·균형의식을 국제관계의 모든 측면에서 유용하게 활용하려고 노력했다.

　외교 상황으로 스트레스를 받을 때, 상황이 절망적인 듯할 때 여유를 갖고 내 안의 자아(自我)를 되찾는 것이 중요하다. 명상을 통해 마음의 평화를 얻고 평정을 되찾는 시간을 가지면 개인의 관점에 놀라운 변화가 일어날 수 있다. 냉정을 되찾기 전에는 중대한 결정을 내려서는 안 된다. 종종 외교에서 가장 큰 문제는 앞으로 나아갈 생각만 하고, 충동에 이끌리고, 더 큰 변수들을 고려하지 않고 아주 작은 그룹의 성공에만 집착하는 경향이다.

　나는 누구와 일하든 상대를 때려눕히는 환상을 갖기보다 윈-윈 상황을 머릿속에 그리려 한다. 조화 자체를 목표로 추구하면 지금껏 상상하지 못하던 해법을 발견할 수 있게 된다. 오늘날의 상호 연결된 세계에서는 조화로운 해결책을 생각해 내 위험한 대결을 피하는 길 외에 다른 선택은 없다.

　관조(觀照)와 초연함에 기초한 불교의 마음챙김이 그런 관점을 받아들이지 않거나, 승자독식의 속셈을 갖고 있으면서도 겉으로만 안 그런 척하는 제3자와 부닥쳤을 때 어떻게 스스로를 지킬 수 있는지 의문을 갖는 사람도 있을지 모른다. 게임이론의 표현을 빌리자면 불교 협상자는 '변절자'를 어떻게 막을 것인가 하는 문제다.

　그런 질문에 대한 답변은 불교의 중심 개념인 '무심'(無心)에 있다고 본다. 내 개인적 수련의 중요한 부분을 이루는 개념이다. 무심은 '마음을 비우다', 더 정확히 말해 '고정된 생각이 없다'는 의미다. 마음이 모든 사물에 열려 있고 어떤 생각이나 감정에 치우치지 않은 상태다. 그런 상태에선 항상 중립적이고 차분하게 외부의 시각에서 자신을 바라본다. 편견에서 벗어나 상대방을 있는 그대로 볼 수 있게 된다.

첫걸음은 외교에서 감정을 배제하는 것이다. 상대방의 발언이나 행동에 냉정을 잃을 이유가 없다. 그것은 자신의 일부가 아니다. 그런 발언과 행동을 비춰 주는 거울 같아야 한다. 거울은 자신이 반사하는 이미지에 자극 받지 않는다. 그런 이미지는 왔다 간다. 그러나 물론 그 이미지, 메시지와 방향의 변화는 인식해야 한다. 메시지의 인식은 중요하지만 초연해야 한다. 그리고 자신의 감정적 반응을 의식해야 한다. 그런 초연함을 유지하고, 어떤 일이 일어나는지, 자신의 감정이 어떤 반응을 보이는지 의식할 수 있다면 무심의 상태에 도달하게 된다.

바다에 대한 비유가 유용하다. 마음은 하루 종일 파도로 소용돌이치는 바다와 같다. 충격과 모욕은 생각을 흐리게 한다. 그러나 거의 흔들림 없이 고르고 평평한 상태를 이루면 바다는 하늘을 완벽하게 투영할 수 있다. 마음도 감정으로 인해 소용돌이치지 않으면 놀라울 정도로 정확하게 세상을 반영할 수 있다. 세상만사는 왔다 간다. 그렇게 되게 할 수 있다면 그 본질을 포착하게 된다. 자의식이 대화에서 사라지면서 자신과 상대방을 더 객관적으로 관찰하게 된다.

우리가 범하는 가장 일반적인 오류는 우리의 집착(執着), 사건과 이미지에의 끌림을 진정한 마음챙김과 혼동하는 것이다. '객관적'이라고 자처하는 외교관과 정치인들을 많이 만났지만 그들은 스스로 깊숙이 생각해 본 적이 없는 이념적 가정으로 사고 전체가 마비돼 있었다. 심호흡을 통해 마음 편히 집중할 시간을 가질 수 있다면 자신의 관점과 편견을 더 잘 이해하고 본질적인 문제에 집중하지 못하는 강박적 행동 패턴에서도 탈피할 수 있게 된다.

불교에선 어떤 직업에서든 명상(冥想)이 도움 된다고 한다. 명상을 하면 심지어 도둑질도 더 잘된다! 이는 명상이 가치판단의 문제가 아니라는 뜻이다. 그보다는 집중과 의식의 문제다. 그런 이유에서 불교 수행은 어떤 특정 종교와 충돌하지 않는다. 마음챙김 수련은 기독교나 이슬람과도 잘 어울린다. 기능이자 테크닉이다.

어쨌든 도덕적 판단은 관점의 문제다. 수천 년에 걸친 역사적 관점에서 바라보면 어떤 사건이나 그 행위자를 어느 정도 초연하게 판단할 수 있다. 현실적인 시간에서는 멀어질 수 있지만, 현실에 초점을 맞춰 옳다고 판단했던 것이 한 달, 1년 또는 10년이 지난 뒤에는 정반대가 될지도 모른다. 이렇듯 마음챙김은 역사라는 넓은 운동장과 테니스에서 서브 리턴 할 때처럼 즉각적인 반응 사이의 중용인 것이다.

언젠가 만났던 한 미국인은 북한 정권에 관해 이야기하던 중 내게 이렇게 말했다.

"우리는 북한을 신뢰할 수 없다. 대량살상무기 기지를 공격하고 정권교체를 추진해야 한다."

그에게 나는 북한에 변화를 불러오고 핵무기를 제거한다는 차원에서는 그 목표에 동의한다고 말했다. 하지만 이후 우리의 행동이 북한 주민들에게 어떤 영향을 미치게 될 거라 생각하는지 물었다. 그리고 북한의 변화가 궁극적 목표이긴 하지만 그것은 공존공영의 형태여야 한다고 강조했다. 또한 한 번에 모든 일이 가능하지는 않지만 어딘가에 상생(相生)의 해법이 있을 거라고 덧붙였다.

노무현 정부에서 주미대사로 일할 때 한국이 북한 인권 문제에 충분히 신경 쓰지 않는다는 지적을 많이 들었다. 당시 나는 이렇게 대답했다.

"거시적인 관점에서 인권 문제에 많은 신경을 쓴다. 북한 주민이 겪는 비극을 충분히 이해한다. 그리고 궁극적으로 북한에 있는 우리 형제·자매의 삶이 나의 가장 큰 관심사다."

그리고 우리가 언론에 비치는 이미지에 집착하면 그 이면에 있는 더 큰 제도·문화적 이슈들을 이해하지 못하게 되며, 그럴 경우 충동적인 대응을 불러와 뜻하지 않게 중·단기적으로 인권 문제를 더 악화시킬 가능성이 있다고 설명했다.

이런 점에서 마음챙김은 투표할 권리나 자의적 체포를 거부할 자유 이상의 의미를 지닌 진정한 인권(人權) 의식을 의미한다. 우리는 영양실조에 허덕이거나 굶어죽는 수많은 사람들을 고려해야 한다. 그런 사람들의 인권은 어떻게 보장할까? 그것이 우리들에게 본질적인 문제다.

불교는 외교에 장기적 관점과 관계 균형을 제공할 수 있다. 국제 관계가 아무리 진전한다 해도 늘 부처의 중도를 염두에 두고 있어야 한다. 모든 이해관계자 사이에 상생의 관계를 구축하면서 극단을 피할 수만 있다면 우리는 의미 있는 발전을 이룰 수 있다. 한 가지 관점만 고집하면서 군사적 방법으로 문제를 해결하려 한다면 곧 원상 복귀되고 마는 일시적 결과를 얻는 데 그칠 가능성이 크다. 그런 행동은 가만히 있는 것보다 나쁜 결과를 초래하기 쉽다.

우리의 충동적인 대응, 승자독식의 관점이 인간 존중의 공동 목표를 해칠 수 있다는 것도 늘 의식해야 한다. 그래야만 세력 균형이 아니라 관점의 균형(*balance of perspective*)을 이루고 명실상부한 국가 간 조화를 기대할 수 있다.

국가적 꿈의 힘

시진핑 중국 국가주석이 취임 직후인 2012년 11월 내놓은 슬로건 '중국몽'(中國夢, *Chinese Dream*)이 많은 주목을 받았다. 프랑스의 중국학자 데이비드 고세는 〈허핑턴포스트〉 기고문에서 중국몽을 마천루와 공장의 '현대 중국', 공자의 '문명 중국', 모든 나라의 정치 경제에 미치는 중국의 광범위한 영향을 상징하는 '글로벌 중국'의 교차점으로 묘사했다. 요컨대 중국몽은 시 주석이 전 세계에 메아리치기 희망하는 새로운 문화·경제적 자신감을 상징한다.

일본은 시 주석의 중국몽을 민감하게 의식한다. 아베 신조 일본 총리는 대응 버전으로 '아름다운 일본'을 내세웠다. 아름다운 일본은 문화적으로 더 세련되고 자신감을 지닌, 자원을 최대한 활용해 글로벌 강자가 되는 나라를 의미한다. 아베는 퇴색된 과거를 반영하는 수준을 뛰어넘어 더 원대한 이상을 추구하는(또는 적어도 사람들이 그렇게 생각할 수 있는) 일본을 꿈꾼다.

그러나 아시아에서 문화적으로 가장 큰 영향을 미치고 있는 나라, 인기 TV 드라마와 히트곡을 가장 많이 만들어 낸 동북아·동남아는 물론 세계를 휩쓴 나라는 아직도 어떤 꿈을 갖고 있는지 명확히 밝히지 않았다. 물론 한국 말이다.

나는 한국이 문화·음악·미술·영화·음식 등을 통해 아시아의 미래 비전을 표현함으로써 동아시아의 평화와 번영에 가장 크게 기여하기를 희망한다. 제국주의 야심을 품지 않는 중견국가(*middle power*)로서 한국의 위상과 일치하는 비전 말이다. 문화적 또는 정치적 패권 의사가 없는 믿을 만한 나라로서 한국의 비전은 역사를 한참 거슬러 올라간다.

중국의 경우 시 주석은 중국몽을 "근대가 시작된 이래 중국이 구상한 가장 큰 꿈인 대국굴기(大國崛起)의 이행"으로 정의했다. 자신들의 나라와 문명에 대한 새로운 자신감을 부여할 뿐 아니라 국제사회의 중요한 일원으로서 중국의 비전을 제시하려는 목적이다. 또한 1949년 혁명과 마오쩌둥의 저술에 근거한 협의의 중국공산당 정통성 개념을 뛰어넘어 더 광범하고 풍부한 고전적 전통으로 외연을 넓히려는 노력이기도 하다.

그는 또한 그런 중국몽이 문화부흥으로서 200년까지 지속될 수 있다고 주장한다. 중국 문화와 기술에 대한 이 같은 새로운 자신감은 지난 수십 년 사이 우리가 목격한 경제발전 드라이브를 뛰어넘는다. 이는 사실상 1840년 아편전쟁으로 영국에 굴욕을 당한 이후 남아 있던 중국 내의 열등감에 마침표를 찍은 것이다.

시 주석은 중국이 경제·군사뿐 아니라 무엇보다도 문화적으로 강대국이 될 수 있음을 시사한다. 그는 과거 중국의 전성기였던 '강한 한(漢) 왕조'와 '번영한 당(唐) 왕조'가 재현될 수 있다고 본다.

시 주석의 그런 발언은 구체적으로, 다가오는 두 건의 100주년 기념행사를 염두에 둔 것이다. 첫째는 2021년의 중국 공산당 창당

100주년, 둘째는 2049년 중화인민공화국 건국 100주년이다. 중국은 2021년 '샤오캉'(小康), '비교적 물질적으로 나아진 사회' 수준에 도달하는 것을 목표로 삼는다. 이 같은 용어는 모든 중국인이 중산층에 가까운 생활수준을 누리는 것을 시사한다. 중국몽의 다음 단계는 '다퉁'(大同), '대조화' 사회가 된다. 중국이 세력의 절정에 달해 글로벌 조화의 시대를 여는 시점이다.

그러나 근대 들어 '꿈'이라는 용어를 국가 이미지의 일환으로 사용한 모델을 찾는다면, 그 뿌리는 20세기 초에 등장하고 1950~1960년대 미국이 내세웠던 강력한 '아메리칸 드림'이다. 역사가 제임스 트러슬로 애덤스가 썼듯이, 아메리칸 드림은 "개개인이 자신의 능력이나 성취에 따라 기회를 얻고 모든 사람의 삶이 더 좋아지고 부유해지며 충만해지는 나라에 대한 꿈"이었다. 아메리칸 드림은 미국인들이 더 열심히 일하고, 다른 나라들이 더 나은 세상을 위해 노력하는 영감의 원천이 됐다.

전 세계의 야심적인 사람들이 투명하고 민주적인 사회의 아메리칸 드림을 찾아 몰려들었다. 그들은 미국의 특정한 정책에 반대하면서도 그 꿈을 좇았다. 그 꿈은 사람들이 상상하는 것보다 훨씬 더 성공적이었다.

당시 나처럼 미국에서 공부한 많은 사람이 미국의 제도와 문화를 우리 모델로 삼아야 한다는 생각을 갖고 한국으로 돌아왔다. 우리는 연설과 책에서 이 같은 꿈을 흡수했을 뿐 아니라 만나는 사람들에게서도 이를 느낄 수 있었다. 학교 친구들과의 대화에서, 그리고 미국인들의 친절한 일상 속에서 민주주의 절차와 법치를 알게 됐다. 한국의 많은 개혁이 아메리칸 드림의 영향을 받았다. 그것은 미국인뿐 아니라 전 세계인의 꿈이었기 때문이다.

국가적 이상은 저마다 강력하지만 본질적으로 잠재력이 제한돼 있다. 중국몽은 보다 강력하고 자신감 있는 중국을 지향한다. 더 이상 서방에 신세지지 않고 자신 있게 행동할 수 있게 되고자 하는 중국의 꿈이다. 이는 중국인들을 위한, 중국에 관한 꿈이다. 하지만 다른 나라 사람들에게는 별 의미가 없다. 좋든 나쁘든 중국몽은 국제적인 조화를 촉구하는 메시지나 그들이 새로이 안전을 보장하는 중국판 '팍스 아메리카나'(미국이 주도하는 세계평화)로서의 자격이 없다.

일본의 '아름다운 일본' 비전은 일차적으로 20년에 걸쳐 일본에 고통을 안겨 줬던 경제·문화적 침체에서 벗어나려는 취지다. 일본인들에게 혁신과 변화의 영감을 줌으로써 보다 원대한 이상을 추구하도록 유도하려는 의도가 강하다.

가장 보편적인 것이 아메리칸 드림이다. 처음부터 대상이 상당히 글로벌했다. 그러나 최근 들어 관타나모 수용소의 수감자 고문 사실과 무인기로 파키스탄 민간인을 오폭한 사실이 드러나 아메리칸 드림의 빛이 바랬다. 미국은 변함없이 가장 막강하고 여전히 영감을 주는 문화의 나라지만 일부 미국인들의 행동으로 아메리칸 드림의 매력이 떨어진 건 부인할 수 없는 사실이다.

코리안 드림의 실현과 개발

그렇다면 '코리안 드림'은 어떤 형태가 되고, 어떻게 우리가 현재의 한계를 뛰어넘도록 영감을 줄 수 있을까? 한국인들을 변화시키면서 또한 세계 사람들에게 영감을 불어넣는 코리안 드림을 어떻게 구상할 수 있을까? 내가 미국 유학 중 존 F. 케네디 대통령이나 사이먼 & 가펑클, 추수감사절 행사에 감명하였듯이 말이다.

코리안 드림은 슬로건이나 광고 이상의 의미를 지녀야 한다. 폭넓은 스펙트럼의 한국적 체험에서 몇몇 요소를 추출해 세계에 적합한 보편적이고 포용적인 문화를 형성해야 한다. 한국 불교와 유교 사상가들의 이념을 누구나 이해할 수 있는 포괄적 대화의 형태로서 세계에 제시해야 한다. 해골에 담긴 물을 마시고 깨달음을 얻은 원효대사 이야기를 한국적이면서도 보편타당하고 공감하기 쉽게 만들어 아프리카 어린이들도 접할 수 있게 해야 한다.

미국·중국·일본·러시아, 그 밖의 나라에 거주하는 한인이 많다. 이들 한인은 자신들이 거주하는 나라의 한 부분을 이룬다. 따라서 코리안 드림은 한국 요리인 비빔밥의 특성을 지닌다. 한국 문화는 그 전통에 따라 새로운 문화적 영향을 흡수하면서 계속 팽창하고 성장해 나갈 것이다.

한국 기업들이 코리안 드림의 형성에 주된 역할을 담당해야 한다. 이들 기업은 모든 대륙에 진출해 있으며 세계 무대에서 한국의 위상을 높이는 원동력이다.

과거 한국 기업들은 서구의 규칙을 따르는 글로벌 기업으로 비치기만 바라면서 한국적 정체성을 과소평가했다. 그러나 한국 기업들이 한국 문화의 뿌리를 강조하며 한국 문화를 세계인들이 쉽게 접할 수 있게 만드는 시대가 됐다. 거기에는 단순히 대중음악 아이돌뿐 아니라 다양한 한국의 전통가치와 이상도 모두 포함된다. 우리의 빛나는 불교·유교·도교 전통 역시 글로벌 문화를 살찌울 수 있다.

그러나 코리안 드림은 누구보다 젊은이들이 주도해야 한다. 우리 젊은이들은 스스로 희망과 변혁의 문화를 만들어 낼 수 있으며, 한국의 문화와 철학에서 간과되어 왔던 잠재력을 찾아낼 수 있다. 한류 드라마와 K팝에서 출발해 새로운 세계 문화를 만들어 냄으로써 우리 사회와 가치의 정의를 새로 규정하게 될 코리안 드림의 변천과정은 모든 젊은이가 창작자로 참여할 수 있는 흥미진진한 과정이될 것이다.

코리안 드림의 출발점이자 가장 중요한 요소는 진정성이어야 한다. 한국과 한국 문화에 대한 사랑을 바탕으로 하면서도 가슴에서 우러나오는 꿈이 돼야 한다. 코리안 드림은 각자가 자신의 꿈이라고 느껴야 성공할 수 있다. 말하자면 홍보회사가 만들어 내거나, 일부 정치인이나 지식인들이 술자리에서 엮어 낸 플라스틱 제품 같은 것이어서는 안 된다는 뜻이다. 한국인 그리고 세계인이 함께 만드는 꿈이 돼야 한다.

한국인들 사이에서 나타나는 꾸밈없는 진솔함은 이성적 논리를 뛰어넘는 감정인 '정'(情)에서 우러나는 것이다. 한국인들의 말투를 세련됐다고 말하기는 쉽지 않다. 다소 직접적이고 때론 퉁명스럽기까지 하다. 한국 문화의 그런 부분을 코리안 드림의 강점으로 만들어야 한다. 그런 직접성을 코리안 드림에서 살려 내야 한다.

코리안 드림의 강점은 현재 진행 중인 프로젝트라는 사실에 있을지 모른다. "코리안 드림은 무엇인가?"라고 질문하기보다는 "코리안 드림은 내게, 우리에게 무엇이 될 수 있을까?" 또는 "어떻게 코리안 드림을 함께 만들 수 있을까?"라고 물어야 한다.

누구든 코리안 드림의 창조에 참여할 수 있다. 진부한 구호로서가 아니라 엄청난 잠재력으로서 말이다. 그러한 코리안 드림의 창조는 국가적이면서 동시에 글로벌한 프로젝트가 될 수 있다.

코리안 드림은 특정한 역사적 순간, 특정한 배경에서 나온다. 한국은 특히 동북아 갈등이 고조되는 가운데 급변하는 세계에서 긍정적인 역할의 수행자로 자리매김하려 하고 있다. 경제·정치·문화 등 모든 측면에서 세계가 변화하는 상황 속에서 코리안 드림이 다른 사람들이 이뤄 놓은 것의 모방이 되어서는 안 된다. 한국 역사에 깊숙이 뿌리 내리고 끊임없이 진화하는 형태가 되어야 한다.

코리안 드림은 또한 한국 역사에 뿌리를 둬야 한다. 예컨대 문화와 창조의 시대를 연 세종대왕(재위기간 1418~1450) 은 코리안 드림의 큰 부분을 차지할 수 있다. 세종대왕은 과학과 예술·문학·기술의 융합을 진두지휘함으로써 아시아에 영감을 줬다. 정부를 재편하고 뛰어난 재능의 소유자들을 불러 모아 잠재력을 끌어올리려던 그의 노력, 그리고 최고 수준을 끊임없이 추구하던 그의 모습에서 벤처 자본주의와 창업정신 같은 특성을 엿볼 수 있다. 우리에게 주어진 과제는 그가 정확히 어떤 업적을 남겼는지, 그리고 그것을 어떻게 계승하고 이 시대에 적용할 수 있는지 알아내는 일이다. 그런 정신은 전 세계 국가들에도 적용될 수 있다.

예컨대 세종대왕은 한글처럼 한국만의 것을 창조하고자 했고, 모든 한국인을 포용하고 계급이나 교육수준에 따라 차별하지 않는 사회를 건설하려고 힘썼다. 그는 사회적으로 가장 비천한 신분인 노비 출신의 장영실을 발탁했다. 장영실이 뛰어난 과학자이자 발명가임을 알았기 때문이다. 이처럼 코리안 드림은 진정한 평등의 꿈이 될 수도 있다.

바로 여기에 다른 나라들이 이미 시도한 것과 근본적으로 다른 점이 있다. 코리안 드림은 과거의 광고 캠페인을 모방하는 수준을 뛰어넘어야 한다. 다른 꿈의 모조품이 아니라 누구나 꿈꾸면서, 한국인들이 간과했던 한국 문화의 측면들을 발견하게 해주는 초대장이 돼야 한다. 코리안 드림은 한국에서 출발하지만 수백·수천 개의 손이 그 형성과 구현을 도와 전 세계 사람들 앞에 내놓게 될 것이다.

한국은 과거의 불교와 유교 전통에서부터 눈부신 수공예품과 건축, 자동차와 화장품에 이르기까지 문화적으로 엄청난 매력을 갖고 있다. 한국인들의 추진력과 의욕, 음악·영화·미술 등 한류 파워는 세계인에 어필하는 것으로 한국의 자랑거리다.

한국 문화는 선진국들처럼 절제되고 세련되게 관리되면서도 또한 개도국 사람들의 탄력성·접근성 그리고 따뜻함을 갖고 있다는 점에서 돋보인다. 이런 측면에서 코리안 드림은 중요한 문화적 교량 역할을 할 수 있다. 우리는 산업화와 기술발전처럼, 전통제도의 개혁을 초래한 급속한 사회·문화적 변혁 속에서 정체성을 유지하고 세계 속에서의 위상을 정립하는 과정을 거쳐 왔다. 그런 우리의 경험은 개도국뿐 아니라 선진국의 많은 사람들에게 현실성 있는 모델을 제시할 수 있을 것이다.

코리안 드림은 동아시아 통합에서 중요한 역할을 하고 나아가 평화로운 미래의 토대를 마련할 수 있다. 한국은 중국이나 일본 같은 제국주의적 과거가 없으며 전 세계 국가들과 동등한 존중 관계를 유지한다. 그런 역사적 부채가 없다는 점에서 한국은 아시아에 지속적인 평화를 초래하는 촉매로서 중요한 역할을 수행할 수 있다. 우리는 새로운 평화 공동체를 구축할 수 있다. 그런 노력은 외교에 국한되지 않고 사회의 모든 분야에 걸쳐 이루어져야 한다.

아프리카나 남미 지역에선 한국의 문화와 제도적 잠재력에 대단히 열광한다. 한국은 중견국가지만 활력 있는 기업 활동을 통해 전 세계로 뻗어 나간다. 이처럼 많은 사람이 한국에 이끌리는 것은 어떤 면에서는 한국인들이 '우리와 같다'는 점을 인정하기 때문이다. 그들은 한국인이 급속한 발전과정을 거쳤고, 식민지 지배를 받았으며, 전혀 호의적이 아닌 세상에서 자신들의 길을 찾아야 했다고 느낀다.

코리안 드림은 다소 모호한 개념이지만 한국·일본·동남아·중앙아시아를 비롯한 각지 사람들이 오늘날 한국에서 문화적 영감과 리더십을 찾는다. 한국인들로 하여금 최선을 다하도록 하고, 세계 각지의 젊은이들과 손잡고 더 나은 세상을 만들어 가도록 하는 코리안 드림의 순간이 무르익었다. 그런 문화혁신이 너무 늦지 않게 제때 찾아왔다.

제 3 장

거버넌스의 위기와
동아시아의 미래

앞선 두 장에선 동북아 국가와 그룹들 간의 갈등을 해소하는 창의적 접근법을 제안했다. 그런 접근법은 우리의 발목을 잡는 상호비방과 대결의 관행에서 탈피하도록 도울 수 있다. 어떻게 하면 우리가 미래를 향해 나아가 더욱 평화롭고 긴밀한 통합을 이룰지 몇몇 구체적인 제안을 하려 했다. 우리가 탐구한 접근법은, 새로운 가능성을 고민하지 않고 무엇이 가능한지를 무비판적으로 물려받음으로써 우리가 빠져 버린 매너리즘에서 탈출하는 데 도움을 줄 수 있다.

우리는 사고를 확장하고 문제 해결 스펙트럼을 확대해야 한다. 문화교류에 초점을 맞춘 창의적 활동은 새로운 방식의 대화를 가능하게 하고 우리가 평소 보지 못하던 잠재력을 구현할 수 있게 한다. 그런 활동은 참여와 창의성을 통해 우리를 분리시키는 장벽을 뛰어넘을 수 있게 한다. 우리는 국제적으로뿐 아니라 국내적으로도 그렇게 해야 한다.

우리는 외교에 대한 접근법을 개선하고 우리의 시야를 확대할 수 있다. 또한 문화를 활용해 새로운 형태의 대화에 착수함으로써 상황을 반전시키고 전에는 불가능하다고 생각했던 발전을 유도할 수 있다. 무엇보다 창의적이고 유능한 사람들을 광범위하게 토론에 끌어들여 과거 정책 입안을 독점했던 소수의 정부 관료들이 보지 못했던 기회를 탐구하면서 다리를 연결하고 새로운 잠재력을 찾을 수 있다.

그러나 형식에서 탈피해 실질적이고 지속적인 발전을 이루고자 할 경우 해결해야 하는 중요한 문제가 한 가지 더 있다. 모든 정부 관계자가 직면하고, 오랫동안 열심히 정책을 입안해 온 사람이라면 제대로 인식할 수 있는 엄청난 도전에 맞서야 한다.

오늘날 세계 각국의 정책 입안자들은 심각한 행정 마비에 직면했다. 정부가 정책을 결정하고, 공개토론에서 대중과 소통하고, 믿을 만한 정보를 수집해 균형 잡힌 평가를 내리는 능력이 떨어진다. 싱크탱크에서 거창한 아이디어들에 관해 장황하게 논하지만 정책으로 구현되지는 못한다.

나는 사려 깊고 선의를 가진 공무원 또는 정치인, 엄청난 재능과 이상적인 아이디어를 가진 사람들을 숱하게 목격했다. 그들은 쉼 없이 일하며 중요한 정책을 집행한다. 하지만 그들의 열성적인 노력은 그들이 직면한 관료주의(官僚主義)의 블랙홀로 흔적도 없이 빨려 들어간다. 한없이 서류를 작성하고 조직 안팎에서 선의를 추구하지만 공식화되어 실행될 수 있는 건 거의 없다.

지난 20년간의 이 같은 거버넌스 위기는 한국의 박근혜 대통령 스캔들과 미국의 도널드 트럼프 대통령 반대 시위로 드러난 극단적인 분열로 정점에 달한 것 같다. 정책 결정과 집행 시스템이 화석화하고 비효율적일 뿐 아니라 국민은 현재의 정치적 투쟁에 혼란스러워 하며 우리가 옳은 방향으로 나아가고 있는지 불안해한다.

한국에서 우리는 정부의 역할과 공동의 미래를 위한 국내외적 협력을 저해하는 제도적 문제점들에 직면한다. 바로 지역주의, 학연과 혈연에 기초한 인맥, 그리고 글로벌 비전의 결핍이다. 1970∼1980년대 시작돼 최근까지 이어지는 박정희 정권에 대한 이념 논쟁도 같은 생각을 가진 사람들끼리 편을 갈라놓았다. 그들은 구름처럼 머리 위에 떠도는 과거의 갈등 때문에 서로 손을 잡지 못한다.

한국의 발전을 가로막는 제도적·이념적 문제들은 익히 알려져 있지만 그런 딜레마와 갈등은 한국만의 문제가 아니다. 세계 각지에서 인류의 미래를 걱정하는 개인들이 테러리즘과 기후변화로부터 청년실업과 인구 고령화에 이르기까지 중대한 문제에 대한 현실적인 방안을 제시하고 있지만 굼뜬 제도와 산만한 정치인들은 상징적인 방식 말고는 이런 문제들에 대처할 능력이나 의사조차 없다.

우리는 국내적으로 직면한 문제들에 대처하고, 국제적으로 외교와 동맹, 협약을 통해 현대의 도전과제에 대응하려 애쓰면서 각종 세미나와 학술논문, 언론기사, 책 등을 통해 우리의 우려를 표명할 기회가 훨씬 많아졌음을 알게 됐다. 그러나 우리 연구의 최종 결과물이 정부 인증을 받지 못하는 한 적대적인 이익집단에 맞설 만한 권위가 결여돼 국가 또는 국제적 정책으로 집행되지 못한다.

게다가 국제관계의 성격은 우리의 이해 범위를 훨씬 뛰어넘어 진화했다. 외교에는 컨센서스를 이루고 실천할 수 있는 중앙정부가 필요했다면, 오늘날에는 사이버 공간·무역·투자·환경 같은 문제들이 부각됨에 따라 여러 국가 간 그리고 국제기구를 통해 신속한 컨센서스도 필요하게 됐다.

소셜네트워크와 온라인 미디어, 디지털 뉴스들이 주도하는 요즘의 고도(高度) 연결사회에선 온라인 여론이 유동적이어서 컨센서스 도출이 어렵다. 게다가 사회가 이념 노선을 따라갈수록 파편화해 미국·이란 관계 정상화 같은 방안이 쉬 외면당한다. 상황을 주의 깊게 살펴보지 않고 특정한 고정관념에 따라서만 보기 때문이다.

핵 확산·기후변화·금융 불안정 그리고 빈부격차 확대 같은 우리 시대의 도전과제에 대처하는 국가·국제적 정책의 추진이 절실하다. 그러나 글로벌 정책 제안 자체를 일각에선 잘난 체하는 엘리트주의로 받아들인다. 글로벌한 시각으로 어떤 이슈를 바라보면 국내정치 관심사를 등한시한다고 간주한다.

정책이 국민 관심사에서 유리돼서 안 되는 건 분명하지만 이제 글로벌 시각은 선택이 아니라 필수가 됐다. 국제관계의 성격에 관한 이 같은 오해가 글로벌 거버넌스의 위기를 낳은 것이다.

인간 본성은 변하지 않는다. 세상의 기술과 무역·금융 등 많은 것이 크게 발전했지만 그것이 인간의 기적적인 진화를 불러오지는 않았다. 정치인들의 막후거래는 고대 시대부터 존재했고 미래에도 그림자처럼 우리 뒤를 따를 것이다. 그럼에도 세계인들이 자신과 거버넌스에서 원대한 이상을 꿈꿀 수 있게 만드는 길이 있다. 우리가 다시 정치를 진지하게 생각하고, 목적의식과 역사적 긴박감을 되찾을 수 있도록 문화에 활력을 불어넣는 방법이 있다.

과거에 그런 실질적인 혁신 방안들을 위에서부터 진지하게 논의하고 의미심장하게 집행한 순간들이 있었다. 미국을 규정지은 1787년의 미국 헌법 제정이 대표적이다. 그런 위대한 역사적 순간들이 과거에만 존재한다고 가정해선 안 된다. 다시 한 번 자신감을 갖고 크게 생각해야 한다.

안타깝게도 정치인들이 제안하는 것과 실제로 실현되는 것 사이에 괴리가 큰 탓에 공개토론을 완전히 외면하는 시민이 많다. 그들은 광장으로 나와 정치인·정책 입안자들과 논의해 봤자 아무 효과도 없다고 속단해 버린다.

아이디어와 직무능력을 가진 선의의 개인들이 정부에 들어가 위중한 상황에서 업무를 처리하기가 사실상 불가능하다고 판단하는 한, 정부에 꼭 필요한 전문가가 남지 않게 된다. 그럴 경우 현안에 아무 책임감도 느끼지 않는 외부 전문가들에게 용역을 맡겨야 하는 상황이 벌어지게 된다.

열정에 넘쳐 정부에 들어가지만 잠재력을 실현하지 못하는 똑똑하고 야심찬 공무원들을 많이 목격한다. 그들은 관료주의 행정 절차에 파묻혀 몇 년 뒤에는 종종 의욕상실에 빠진다. 상층부라고 반드시 상황이 유리한 건 아니다. 고위 관료들은 고급스럽게 꾸며진 집무실에 갇혔다고 여긴다. 귀하게 대접 받지만 자신들이 몇 년 동안 준비해 왔던 정책형성에 참여할 수 없다고 느낀다.

이 같은 제도 내의 타성(惰性)은 궁극적으로 국민뿐 아니라 공직자 자신들에게도 비극적인 일이다.

이 장에선 국내외적으로 거버넌스와 관련된 여러 가지 중요한 문제들을 다루며 이 같은 위기에 어떻게 대처해 나갈 수 있는지 몇몇 조심스러운 제안을 할 것이다. 문제의 규명, 그리고 거버넌스 위기에 노력과 관심을 집중하는 결정은 그 자체로 진정한 발전을 이루는 데 중요한 첫걸음이다. 북한 문제를 해결하고 동북아의 지속 가능한 통합을 촉진하기 위한 선결 과제가 그것이다.

기술변화, 세계화
그리고 그것이 거버넌스에 미치는 영향

오늘날 우리가 직면한 거버넌스 위기의 원인을 살펴볼 때 개인적 특성에만 초점을 맞추지 않도록 해야 한다. 정치인이나 CEO 개인의 강한 이미지에 지나치게 관심이 쏠려 세계의 정부·기업·시민사회의 성격에 점진적인 변화를 초래하는 우리 사회의 미묘한 변수들을 간과(看過)하는 일이 비일비재하다.

역사를 돌이켜 보면 난데없이 일어나는 듯한 혁명조차도 사실상 수십 년 또는 수 세기에 걸쳐 진행되다가 지진 때문에 갑자기 표출된 점진적인 지각변동의 산물인 경우가 적지 않다.

우리의 현실에 변화를 가져오는 가장 큰 변수는 어쩌면 지난 50년, 특히 최근 10년 사이에 일어난 급속한 기술 발전이다. 우리 주변 풍경, 우리가 일하는 정부와 기업의 일터, 우리가 거주하는 주택과 아파트는 변하지 않은 듯하다. 그러나 우리 개개인의 거리는 세계 각지로 뻗어 나가며 부상하는 네트워크로 인해 점점 더 가까워지고 있다.

거리는 더 이상 장애물이 아니며 방대한 양의 데이터 전송이 일반 상식으로 자리 잡았다. 결과적으로 비슷한 이해와 관심사를 가진 개인들이 세계적으로 짝을 지어 다양한 동맹을 이루며 전례 없는 규모로 정치·경제·문화에 변화를 일으키고 있다.

컴퓨터는 무어의 법칙(컴퓨터칩 성능이 2년마다 2배 증가)에 따라 기하급수적인 속도로 진화하면서 엄청난 기술적 잠재력을 우리에게 제공했지만, 대다수 기관은 굼뜬 문화 때문에 제대로 활용하지 못한다. 현재 우리 손 안의 스마트폰은 이전 세대는 말할 필요도 없이 불과 10년 전 컴퓨터의 수천 배에 달하는 용량을 갖고 있다.

그 결과 지금은 개인이 컴퓨터·인터넷·소셜네트워크를 통해 자신의 생각을 표현하고 많은 사람에게 영향을 미칠 수 있게 됐다. 이 같은 기술혁명은 신세대 글로벌 리더십에 엄청난 잠재력을 제공한다.

오늘날에는 한 개인이 하나의 웹사이트만으로 기업이나 정부의 형태를 갖출 수 있다. 온라인에서 이미지·로고·텍스트·비디오 외에 다수의 콘텐트를 제작해 작위적인 아우라를 조성하고, 전 세계에 아이디어를 전파하는 강력한 플랫폼 역할을 하게 만든다. 그런 기술은 새 아이디어를 주창하고자 하는 사람에게 발언권을 부여한다. 그 잠재력은 엄청나다.

하지만 이 같은 신기술의 남용(濫用) 위험 또한 심각하다. 이미 가짜 뉴스, 해킹을 비롯해 거버넌스 체제를 저해하려는 시도의 광범위한 사례들이 세상을 흔들어 놓고 있다. 악의를 가진 정치인이나 테러범, 정신병자들에 의해 악용될 수 있다.

정보를 조작해 전파하고, 비합법적인 통신수단을 통해 세계적으로 엄청난 수의 사람들을 참여시키고, 인구통계학적·지리적 경계를 초월하는 네트워크를 형성하는 이런 새로운 능력은 거버넌스 체제에 커다란 과제를 던져 준다. 이는 인류 역사상 전례 없는 변화를 가져왔으며 우리는 아직도 그 영향에 대처하는 데 어려움을 겪고 있다.

가족·지역공동체·국가의 모든 단계에서 거버넌스가 퇴화했다. 가정에선 함께 먹고 자고 생활하던 사람들이 종종 서로 소통을 중단하고, 지역공동체에선 이웃 이름도 거의 모르고 이웃과 대화하기보다 이메일을 확인하고 게임을 하거나 동영상을 보는 사람이 더 많다. 정부에선 의원들이 표결 안건을 검토하기보다 유권자들에게 트윗을 띄우며 보내는 시간이 더 많다.

페이스북·트위터·위챗 같은 이들 네트워크는 전통적 뉴스 정보원을 대체하고 여론을 형성할 수 있는 수준에 도달했다. 이들 소셜미디어 내에서 형성된 관계는 많은 참가자들에게 직장이나 가정에서의 관계만큼이나 중요할 수 있다. 온라인에서 형성된 관계는 제도적인 계층구조와도 경쟁할 수 있다.

페이스북 같은 공간은 전혀 규제받지 않고, 사실 입증 의무도 없지만 관련 현안이 논의되는 사법부뿐 아니라 국회가 될 만한 잠재력을 지닌다. 거버넌스 위기는 어느 정도 이 같은 새로운 사이버 공간에서 자라난다.

이 모두가 라이온스 클럽이나 퇴역군인 클럽 또는 지자체 같은 지역단체 참가자가 줄어드는 시점에 일어나고 있다. 우리는 사회의 다른 구성원과 갈수록 단절되며 주로 가상공간에서 다른 사람들과 교류한다. 공동체가 그런 온라인 네트워크에서 형성되고 있다.

정치학자 테다 스카치폴은 저서 《민주주의의 쇠퇴: 미국 시민생활의 변모》(*Diminished Democracy*: *From Membership to Management in American Civic Life*)에서 이렇게 썼다.

한때 계급을 초월한 자원봉사 연합이 지배했지만 지금은 지부나 회원 없이 직업적으로 관리되는 지지단체들이 국가의 공적 활동을 좌우한다. 주와 지방 수준의 '자원자 그룹'은 대체로 유급 직원들이 일하고 가끔씩 자원봉사 프로젝트를 기획하는 비영리 기관들이다. **3**

우리는 지방 차원에서 공동체를 이루는 상당수 도구를 상실한 반면, 인터넷이 하나의 매개체로 폭발적 성장을 이뤘다.

이들 새로운 온라인 소셜네트워크들은 공동 취미·취향·관심사로 사람을 끌어모으지만, 지리적 조건은 고려하지 않는다. 상호 관심사를 토대로 전 세계에서 새 그룹이 형성된다.

그러나 일반적인 정부 시스템은 위치가 정치적 권위의 주요 결정 요인이며 국민국가가 글로벌 질서의 기본 구성요소라는 가정을 토대로 한다. 이 같은 가정이 우리의 선거 시스템, 행정부, 규제 및 세제의 바탕을 이룬다. 정부의 근육과 골격은 남아 있지만 권위와 영향은 새로 부상하는 소셜네트워크·이메일·스마트폰의 메시지

3 Skocpol, T. (2004). *Diminished Democracy*: *From Membership to Management in American Civic Life*. University of Oklahoma Press, p. 7.

시스템에 잠식당했다. 그런 새로운 메시지 시스템들이 촘촘한 관계망을 형성하며 기존 시스템과 충돌한다.

갈등해소의 사법절차, 정책집행을 위한 행정절차, 법을 제정하는 입법절차는 계속 작동하지만 경제분야에 크게 뒤떨어졌다.

주요 국가들의 헌법이 제정된 때는 페이스북과 트위터는 말할 것도 없이 인터넷도 없고, 급속히 진화하는 기술의 도전이 전혀 존재하지 않던 시대였다. 이제 도널드 트럼프 미국 대통령 같은 정치인의 손에서 트위터 같은 소셜네트워크가 자신의 세계관을 많은 사람들에게 전달하는 강력한 수단이 됐다. 정치공간 전체에 변화가 일어났지만 우리는 그에 대응하는 거버넌스 시스템을 구축하는 데 어려움을 겪고 있다.

정부는 헌법에 따라 운영되고 사회는 법의 규제를 받아야 한다. 그런 원칙은 정부에 필수적이지만 사이버 공간의 토론과는 거리가 멀다. 그리고 온라인 토론이 지난 200년에 걸친 거버넌스의 현실, 국민국가의 토대로부터 갈수록 더 멀어질 위험이 있다. 인터넷과 페이스북에 의해 정의되는 공간이 갈수록 토론, 나아가 정책 형성의 중심적 공간이 되고 있다.

글로벌하게 관계를 형성하고 정치·교육·경영·기술 등 다양한 주제에 관한 대화를 촉진하는 그런 능력은 또한 지역사회를 해체하는 효과를 초래했다. 사람들은 다른 지방 또는 다른 나라에서 뜻을 같이하는 이들을 찾아냈지만 자신들의 커뮤니티에서는 탈퇴하고 때로는 가족과도 멀어졌다. 고상한 정치 이상을 가진 사람들을 비롯해 많은 사람이 가족과 친구들을 잊고 자신들이 속한 공동체의 문제를 망각한 채 컴퓨터를 두드리며 세월을 보낸다. 그들은 세계 평화를 위해 열심히 일할지 모르지만 자기 이웃들이 겪는 문제에는 문외한이다.

하지만 이 새로운 도구들은 사회와 정부에 변화를 초래할 수 있는 엄청난 잠재력을 지닌다. 전자정부 측면에서 이미 상당한 진전이 이뤄졌다. 전자정부는 국민이 정부로부터 정보를 쉽게 입수하고 정책과 절차에 관한 자신의 필요와 의견과 관련해 정부와 소통하는 수단을 제공한다. 그러나 그런 잠재력은 부분적으로만 실현됐으며 그마저 불규칙했다.

일부 국가에선 전자정부 시스템을 고도화한 반면, 말 그대로 손도 대지 않은 나라도 있다. 그뿐 아니라 인터넷은 더 폭넓게 접근할 수 있는 정책 관련 공개토론보다는 정치의 상업화를 초래했다.

거버넌스에 변화를 초래한, 우리 사회의 또 다른 중요한 변화는 물품 운송과 정보 전달 비용의 폭락이다. 프랜시스 케언크로스가 고전적인 저서 《거리의 소멸, 디지털 혁명》(The Death of Distance: How the Communications Revolution Is Changing our Lives)에서 설명하듯, 세계 각지로 물품을 운송하거나 먼 거리로 정보를 전달하는 비용이 지난 100여 년에 걸쳐 크게 하락해 많은 경우 물리적 거리는 주변적인 변수 정도로 밀려났다. 4

기업들은 세계 각지의 가깝지 않은 곳에서 디자인·제조·유통

분야의 파트너를 찾을 수 있다. 이 같은 사업망의 글로벌 확장으로 교역이 확대됐을 뿐 아니라 지역·국가 차원에서 거버넌스 문제가 크게 복잡해졌다. 치안 유지, 인프라 관리, 미래 근로자 교육, 안전 보장에는 정부가 필요하지만, 경제에는 지역 차원이라도 세계 각지 사람들이 참여한다.

우리는 요즘 같은 글로벌 시대에 거버넌스와 경제 현실 간의 단절에 대처하는 공정하고 효과적인 방법의 모색에는 아직 손도 대지 못했다. 대부분의 경우 정부는 급변하는 경제·사회적 환경에 적응하는 데는 민간부문뿐 아니라 젊은이들에게도 크게 뒤진다.

기술은 정치와 거버넌스에 엄청난 영향을 미치듯이 사회의 다른 측면에도 영향을 미친다. 예컨대 3D 프린팅의 급팽창은 제조업에 새로운 혁신 잠재력을 제공한다. 소기업뿐 아니라 개인까지 지역 차원에서 제조업에 참여할 수 있게 돼 기존 공장들을 위협할 수 있다. 현대 국민국가의 바탕을 이루는 전체 산업질서에 변화를 주고 핵심 근로계층이 블루칩 기업들에서 잡다한 소규모 창업으로 이동할 공산이 크다.

게다가 민간과 공공 부문에서 기술의 노동력 대체는 우리 사회에 급속한 변화를 일으키며 정부의 성격에 막대한 영향을 미치고 있다. 자동화로 노동인력이 급감하고 보유자원은 많지만 고용인력은

---

4 Cairncross, F. (2001). *The Death of Distance: How the Communications Revolution Is Changing our Lives.* Cambridge: Harvard Business Review Press.

거의 없는 대기업들이 생겨나고 있다. 숙련 노동자의 필요성이 없어지면서 고용 기회에 영향을 미칠 뿐 아니라 공장에 사람이 없는 탓에 회사 관리업무도 더 합리화하고 다양성이 줄어든다.

이 같은 자동화 과정에서 회사의 문화를 창조할 대표 그룹이 없어지게 된다. 회사가 성장하고 수익을 창출하지만 직원은 거의 없고 공동체에 참여하지 않을지도 모른다. 사내 인적 교류라고는 일부 관리자들 사이의 이메일 통신이 고작이라서 사회 또는 정부 운영방식의 모델 역할을 하지 못한다.

미디어도 예외가 아니다. 인터넷이 우리의 일상생활 속으로 들어오면서 뉴스와 분석을 제공하는 다양한 플랫폼을 제공했다. 그 결과, 기성매체가 더 작고 때로는 신뢰성이 떨어지는 미디어의 공격을 받으며 업계의 수익성이 떨어지고 있다. 물론 기술의 영향으로 유통되는 정보량이 크게 늘었지만 정확성이나 심층성은 보장되지 않는다. 데이터가 홍수를 이루면서 모든 정보를 공짜로 볼 수 있다고 기대하는 온라인 독자가 많아졌다.

게다가 뉴스의 순위가 사회적 중요성이 아니라 흥미 위주로 매겨진다. 최악의 경우 이해당사자들이 눈앞의 이익에 얽매여 가치가 떨어지는 스토리를 퍼뜨려 시민들이 의견을 형성하는 데 사용하는 정보의 질을 떨어뜨리는 '가짜 뉴스'가 전염병처럼 퍼진다.

요즘처럼 초고도 경쟁 환경에서 미디어 경영이 갈수록 어려워지면서 탐사보도 예산지원이 삭감되고 전 세계 신문사에 상근기자가 줄어들었다. 이 같은 환경에선 정부 역할, 관료의 승진, 세무정책, 사회복지, 교육 같은 문제에 대한 깊이 있고 복잡한 토론은 지지받지 못한다. 갈수록 주목경제(*attention economy*, 주목을 받아 수익을 올리는 경제)로 이행하면서 깊이 있는 분석을 할 시간이나 여유도 없다. 그보다는 우리의 의식에 포착되는 당장의 특정 정보에 관심이 집중된다. 종종 배경을 주의 깊게 검토하지 않고 그 정보를 토대로 결정을 내리는 경향이 두드러진다. 5

시민이나 정부 관료가 특정 주제에 초점을 맞추고자 하는 행태는 이처럼 주목을 받으려는 경쟁의 직접적인 결과다. 이는 미디어와 국가 전체의 중요한 이슈가 주목받지 못하는 결과로 이어질 수 있다. 미국 사회학자 허버트 사이먼은 언젠가 이렇게 말했다.

정보가 풍부한 세계에선 정보의 풍요가 다른 것의 결핍을 의미한다. 뭐가 됐든 정보가 소비하는 대상의 부족이다. 정보가 무엇을 소비하는지는 뻔하다. 그것은 이용자의 관심을 소비한다. 따라서 정보의 풍요는 주목의 빈곤, 그리고 그것을 소비할 만한 과잉 정보원 사이에 그 주목을 효율적으로 배분해야 할 필요성을 낳는다. 6

---

5 Davenport, T. H., & Beck, J. C. (2001). *The Attention Economy*: *Understanding the New Currency of Business*. Harvard Business School Press, p. 20.

6 Simon, H. A. (1971). "Designing organizations for an information-rich world". in Martin Greenberger, *Computers, Communication, and the Public Interest*. Baltimore, MD: The Johns Hopkins Press, p. 41.

오늘날 우리가 직면한 문제를 이해하려 할 때 미디어가 거버넌스에 미치는 영향의 문제를 우선적으로 다룰 필요가 있다. 시민들이 구경꾼 이상의 이해관계자로서 정치권에 참여할 책임을 느끼지 않는다면, 또는 정치와 거버넌스의 세부정보에 관심을 갖지 않는다면 거버넌스에 갈수록 큰 어려움이 따를 것이기 때문이다.

주목받기 경쟁이 갈수록 격화되는 데는 뉴스의 오락적 가치가 커지는 탓도 있다. 뉴스를 재미있고 접근하기 쉽게 만들면 독자와 정치 참여자 수를 늘리는 데 도움이 될 수도 있다. 하지만 많은 경우 대중에게 어떤 뉴스를 제공할지 결정할 때 국가적 정보가치가 아니라 시장성이 기준이 되는 결과가 초래된다.

미디어가 정치·거버넌스와 무관하다면 이런 관점을 전적으로 이해할 수 있다. 하지만 미디어는 여론 형성과 사건의 이해 과정에 막중한 역할을 한다.

시장 원리가 글로벌 미디어 발전의 원동력이다. 그러나 신문·잡지·라디오·TV 방송은 단순한 비즈니스 이상의 의미를 지닌다. 국민에게 정보를 제대로 전달해 그들이 효과적으로 정치에 참여하고 정책 관련 담론에 의견을 더할 수 있도록 하는 수단이다. 국민들이 정책에 관해 자세히 읽고 수년에 걸쳐 신문에서 읽은 내용을 바탕으로 주의 깊게 정립된 의견을 표현할 만한 능력과 관심이 없다면 대중은 정치에 갈수록 감정적이고 무지한 반응을 보일 가능성이 커진다.

미디어는 모든 면에서 거버넌스의 중심을 이룬다. 정부 관료는 미디어에서 정보를 얻고 그들의 활동이 언론에 어떻게 보도되는지에 근거해 승진 또는 인정을 받는다. 정치인들은 유권자들에게 메시지를 전달하고 지지자들에게 그들의 요구에 응하고 있다는 믿음을 주는 데 미디어가 필요하다. 시민들은 정부가 무엇을 하고 그 정책이 자신과 자신의 커뮤니티에 어떤 영향을 미치는지에 관한 정보를 미디어에서 얻는다. 따라서 급속하게 발전하는 기술 환경 속에서 건강한 언론 생태계의 조성에 관심을 집중해야 한다.

끝으로 기술이 청년 문화에 미치는 영향은 거버넌스의 미래에 결정적인 영향을 미치는 요인이 될 것이다. 젊은이들은 어릴 때부터 인터넷·소셜미디어와 그 밖에 많은 형태의 커뮤니케이션·사회관계망 서비스에 노출된다. 그들은 이런 기기와 네트워크를 자연스럽게 받아들이며 이전 세대에는 생소한 관행과 습관에 따라 서로 소통한다.

그 결과 시민사회에 단절이 생겨 엄청난 오해를 낳고 심각한 갈등을 초래하는 경우도 있다. 정부와 정치 관계자들이 표명하는 사회·정치·경제에 관한 우려는 이들 청년 세대에는 거리가 멀고 심지어 무관한 듯하다. 그리고 정치와 정책에 관해 논하는 미디어는 미래 세대에겐 매력 없고 따분하다. 그렇다고 청년 세대에게 자신과 지구의 미래에 관해 나름의 우려가 없는 건 아니다. 그보다는 단지 그것을 표현할 방법을 찾지 못하는 것이며, 기성 체제는 거기에 관심이 없는 듯하다.

정치에 대한 청년 세대의 무관심은 엄청난 손실이며 정부와 정책 집행의 계속성을 저해한다. 아무리 좋은 정책일지라도 많은 국민이 타당하다고 생각하지 않는다면 시행하기가 어렵다. 한국의 청년 세대는 반정부 시위에 대거 참석하지만 정책에 대한 이해의 깊이, 복잡한 장기적 해결책의 형성 능력은 여전히 제한적이다.

젊은이들이 정치토론에 참여하고 정치·언론 또는 비즈니스를 단순히 돈벌이와 먹고 사는 수단뿐 아니라, 세상을 바꾸고 모든 국민에게 더 나은 환경을 만드는 수단으로 보도록 하는 것은 필수적인 과업이다. 한국뿐 아니라 다른 나라에서도 그런 노력이 있었지만 대체로 젊은이들은 결정 과정에 전적으로 포함되지 않는다고 느끼거나 자신들이 큰 영향을 미칠 수 있을까 하는 회의(懷疑)를 품고 있다.

이 같은 문제가 모두 기술변화의 결과는 아니지만 특히 요즘처럼 급속한 기술변화가 우리의 생활환경을 바꾸고 우리 시대의 경제·사회 문제에 대처하는 데 필요한 제도를 재편하고 있음은 인정해야 한다. 마찬가지로 기술이 사회에 미치는 영향에 대처하는 혁신적인 접근법을 강구해야 한다. 이 같은 신세계에 적합한 제도 수립을 위해 광범한 대안을 제시하는 접근법 말이다. 혁신(革新)을 기피하지 말고 성장을 위한 가장 신뢰할 수 있는 공간으로 받아들여야 한다.

사이버 공간의 관리와 개발은 우리가 거버넌스의 발전을 이룰 수 있는 한 영역이다. 사이버 공간은 대체로 국경을 초월하기 때문에 그것을 관리·감독하기 위해서는 글로벌 협력이 필요하다. 사이버 공간의 관리에선 이미 많은 성과가 있었지만, 거버넌스를 위한 공유 공간으로서 사이버 공간을 형성하는 데는 아직 손도 대지 못한 상태다. 시민들이 모여 중요한 이슈들과 관련 정책들을 논의할 수 있는 자리다. 동아시아 협력을 위한 더 큰 공동 프로젝트의 일환으로 전문가들을 불러 모아 사이버 공간의 개발과 규제를 위한 게임 플랜을 수립할 수 있는 잠재력이 있음은 물론이다.

사이버 공간은 토론과 활동을 위한 참여공간으로 개발될 수 있다. 정부에 연결되어 지역·국가·글로벌 차원에서 그날의 현안에 초점을 맞춰 시민과 정부가 지속적으로 대화할 수 있는 공간 말이다. 현재 인터넷에서 동영상을 볼 수 있고 청원서에 서명할 수도 있지만, 시민이 정책안 수립에 직접 참여하거나 어떤 사회를 만들어야 할지, 경제가 어떤 방향으로 나아가는 게 좋을지 다른 사람들과 토론할 길은 사실상 없다.

이와 같은 사이버 공간의 투명한 공동 운영을 위한 동아시아 국가 간 협력 프로젝트를 우리가 주도할 수 있다. 이 프로젝트는 많은 사람들이 기술의 잠재력을 더 깊이 있고 장기적으로 생각하도록 유도할 뿐 아니라 서로 긴밀한 유대를 형성하고, 나아가 동아시아 국가들 간의 지속적 협력을 향한 디딤돌이 될 것이다.

한국·중국·일본의 지자체들이 긴밀하게 협력하면 시민들이 모이는 사이버 공간을 개발하고, 나아가 국제협력을 위한 공간 조성이 가능할 수 있다.

　기술은 관련 분야의 사람들이 공동 세미나를 열고, 관심 사안에 대해 공동 조사를 실시하고, 건설적인 대화를 나눠 국내 그리고 국가 간 두터운 인적 네트워크를 형성할 수 있게 해준다. 인프라에서부터 환경 문제에 이르기까지 모든 문제를 다루는 그 네트워크는 소규모 엘리트 계급에 국한되지 않고 일반인들까지 아우르는 글로벌 제도의 형성으로 이어지게 된다.

　한국의 사례에서 이미 드러났듯이 사이버 공간의 활용을 통해 지방정부가 활력을 되찾을 수 있다. 다음 단계는 그런 변혁을 글로벌한 규모로 확대하는 방안의 탐구가 될 것이다. 한·중·일 정부 당국자들이 정기 모임을 갖고 성공사례에 관해 논의하고 나아가 연구개발 비용 정보까지 공유할 수 있을까? 그 잠재력은 엄청나다. 유일한 문제는 우리에게 그것을 추진할 만한 상상력·의지·비전이 있느냐는 점이다.

　우리는 급속한 제도적·지정학적 변화의 시기에 접어들고 있으며 이에 대비해야 한다. 대럴 웨스트가 《메가체인지》(*Megachange: Economic Disruption, Political Upheaval and Social Strife in the 21st Century*)에서 주장한 대로 현재의 가정(假定)에 대한 집착, 현상에 대한 맹목적 충성에서 벗어나야 한다. 웨스트는 우리에게 '현재주의(*presentism*)를 극복하라'고 촉구한다. 현재주의는 변화의 깊이를 보지 못하고 장기적으로 생각하지 못하는 것을 의미한다. 웨스트는 이렇게 말한다.

지금 뭔가 큰일이 일어나고 있다. 사회적·경제적·정치적 패턴이 더
는 고정돼 있지 않고 급속하고 혁신적인 변화를 만들어 내고 있다. 통
상적으로 상상하던 것보다 더 원대한 범위의 변화에 대비해야 한다.
이 같은 지각의 움직임·변동을 더 잘 이해할 때까지는 개인과 사회
전체적으로 그 특별한 영향에 대처하기가 어려울 것이다. 7

기술은 급속한 제도 변화를 이끄는 요인이며, 그것이 제기하는
위험에는 진정한 기회도 따른다. 현저하게 생소한 규칙에 따라 돌
아가는 세계에서, 새로운 제도를 설계할 수 있는 용기와 상상력을
가진 사람들에게 주어지는 기회다. 변화가 크고 빠를수록 많은 사
람이 더 불확실해진다. 그러나 그 불확실성 속에는 모든 시민들에
게까지 영향을 미치는 진정한 혁신의 기회가 숨어 있다.

---

7 West, D. M. (2016). *Megachange: Economic Disruption, Political Upheaval
and Social Strife in the 21st Century*. Washington D. C.: The Brookings
Institution, p. 5.

미·중 관계와 글로벌 거버넌스

최상층부의 미·중 관계는 거버넌스의 위기를 드러내는 동시에 그것을 진정한 혁신의 기회로 만들 잠재력을 보여 준다. 대만과 남중국해를 둘러싼 최근 논란은 양국이 커다란 견해차를 갖고 있음을 보여 줬다. 그러나 갈수록 서로 연결되고 중첩되는 글로벌 시스템에서는 양측 모두 새로운 협력의 통로를 찾아야 한다. 유엔에서든 국제통화기금(IMF)에서든 최상층부의 거버넌스는 언제든 작동한다는 뜻이다. 미국과 중국 사이에서 기능하는 관계가 있기 때문이다.

그 관계를 정확히 어떻게 관리해야 할지는 정해져 있지 않으며 끊임없는 관심을 요구한다. 미국과 중국이 내부적으로 거버넌스에 문제가 있는 것은 대수롭지 않은 지엽적 상황에 그치지만, 양대 강국 사이의 오해는 전 세계에 파문을 일으키기 때문이다.

나는 12년 동안 미국에서 지냈다. 처음엔 대학원생으로서, 그 다음엔 세계은행의 이코노미스트로서, 마지막으로는 주미 한국대사(2005년)로서 미국에서 생활했다. 그런 미국 경험과 거기서 얻은 교훈이 나의 경력에 결정적인 영향을 미쳤으며, 내가 좀더 글로벌한 시각을 갖는 데 도움을 줬다고 믿는다. 내가 세계를 더 넓은 전략적 시각으로 바라볼 수 있도록 여러 미국인이 조언을 아끼지 않았다. 한국에서는 얻을 수 없었던 소중한 경험이었다.

2005년 3월 주미 한국대사 시절 조지 W. 부시 미 대통령 부부와 함께한 저자 부부.

중국도 최근 들어 나의 삶에서 중요한 부분을 차지한다. 그동안 중국의 주요 정계·재계 인사들과 두루 의견을 나눌 기회가 많았다. 중국의 부상은 어느 누구의 예상보다도 훨씬 빨랐고, 한국과 일본은 갑자기 세계적인 초강대국으로 등장한 중국을 이해하는 데 아직도 어려움을 겪는다. 19세기 아편전쟁 이래 기정사실로 받아들여졌던 '종이 호랑이' 중국이라는 지정학적 현실은 30년도 채 안 된 시기에 완전히 뒤바뀌었다.

우리는 이런 변화에 적응할 제도적인 준비가 돼 있지 않은 상태다. 특히 언제나 널찍한 공간을 차지하는 데 익숙한 미국이 그런 새로운 현실을 받아들이기가 가장 어렵다.

예상치 않았던 중국의 급속한 부상은 중국 자신도 감당하기 어려운 듯했다. 따라서 중국은 이 새로운 역할을 수행하는 데 필요한 비즈니스와 거버넌스의 전문지식이 부족한 경우가 많았다. 중국인 다수는 중국이 세계에 어떤 영향을 미치는지 모르고 또 신경도 쓰지 않으며 자신들이 그토록 주목받는다는 사실에 당황스러워했다. 그들은 중국이 새로운 역할을 수행하는 데 준비할 시간이 필요하다고 생각하며 20년 후에나 가능할 것으로 내다봤다.

그러나 역사의 행진 방향은 예측하기가 쉽지 않다. 중국은 준비가 됐든 되지 않았든 글로벌 거버넌스에서 중요한 역할을 떠맡게 됐다. 이제 베이징에서 내려지는 경제적·금융적 결정은 전 세계에 파급효과를 갖는다.

우리는 중국을 어떻게 하면 효과적이고 건설적으로 상대할 수 있을지 신중하게 고심해야 한다. 미국으로선 문제가 다면적이다. 거대한 미국 경제는 무역으로 중국과 떼려야 뗄 수 없는 관계로 연결되어 있으면서도 세계 각지에 글로벌한 시각을 요구하는 복잡한 안보 동맹 네트워크를 갖고 있다.

중국과 지리적으로 인접해 있으면서도 미국의 맹방인 한국으로서는 중국의 부상이 너무도 중대한 문제가 아닐 수 없다. 우리는 중국의 부상이 어떻게 전개될지, 그것이 한국의 경제와 사회, 문화에 어떤 영향을 미칠지 극도로 세심하게 따져 봐야 한다.

여기서 또 다시 문화적 관점이 중요하다. 미·중 관계가 양국 상호작용의 모든 측면에 어떤 영향을 미칠 것인가? 몇몇 안보 전문가가 쓴 글을 보면 "하나의 산에 호랑이 두 마리가 살 수 없다"(一山不容二虎)라는 중국 속담이 떠오른다. 한 지역엔 지배적인 세력이 하나만 있을 수 있다는 뜻이다. 호랑이가 자기 영역을 침범해 돌아다니는 다른 호랑이를 용인할 수 없듯이 세계에는 두 개의 초강대국이 있을 수 없으며, 그럴 경우 그 둘이 협력하기보다는 충돌할 가능성이 훨씬 크다고 생각하는 관점이다.

실제로 중국과 미국이 그 나라 정치인들의 비전이나 정부 관리들의 지혜와 상관없이 동아시아에서 해결 불가능한 다양한 분쟁에 휘말릴 수밖에 없다고 우리는 추정할 수 있다. 양국 모두 자국의 영향력을 확고히 다지기 위해 어느 한쪽 편을 들며 분쟁에 적극 개입할 게 뻔하다는 생각이다.

물론 그런 관점도 일리가 있다. 그러나 나라마다 아주 고유한 특성을 가진 동아시아의 경우 그 논리가 실제로 적용되기는 쉽지 않을 것이다. 물론 중국은 글로벌 시스템에서 막강한 영향력을 갖는다. 아마도 영국을 제외하고는 미국의 이전 라이벌 중 어느 나라도 그 정도 수준에는 오르지 못했을 것이다.

하지만 더 중요한 점은 미국과 중국의 관계가 계속 증진되고 새로워지는 과정에 있다는 사실이다. 고착된 게 아니라 계속 진화한다는 뜻이다. 따라서 우리는 호랑이 두 마리 사이에서 나타나는 불가피한 관점의 차이가 심각한 지정학적 투쟁으로 이어지는 상황을 막기 위해 어떻게 해야 할지 고민해야 한다. 호랑이 두 마리가 하나의 산을 두고 싸우지 않고 공존하도록 양쪽 다 포용할 수 있는 어떤 제안을 하며, 어떤 프로젝트를 채택할 수 있을지 말이다.

우리는 특히 최근의 긴장 상황에 비춰 두 초강대국의 미래 관계를 진지하게 살펴볼 필요가 있다. 미국은 동아시아에서 아주 긍정적인 역할을 할 수 있는 이상적인 입장에 있다. 그러나 그런 결과를 이끌어 내려면 모두가 각고(刻苦)의 노력을 기울여야 한다.

동시에 미래의 미·중 협력을 보장하기 위해 중국이 어떤 행동을 취할 수 있을지, 또 양대 초강대국과 깊이 얽혀 있는 한국이 이런 복잡한 지정학적 게임에 무엇을 기여할 수 있을지 우리는 깊이 고민해야 한다.

하나의 산에서 공존할 수 없는 두 마리 호랑이에 관한 속담은 오랫동안 패권을 다툰 뒤 승자가 중원을 통일한 중국의 전통적 정치사에서는 적절한 비유다. 새로 등극한 황제는 무엇보다 자기 영역 안에서 절대적인 권위를 확립하고 정적(政敵)들을 확실히 제거해야 한다고 생각했다. 이런 가정은 중국의 전통적인 정치사상에서 그 뿌리를 찾을 수 있다. 천하의 질서는 왕국의 유일한 주군에 의해 좌우되며 그 주군은 왕국의 최고통치자로서 공식적인 권위를 확고히 세워야 했다. 중국인은 천하의 질서를 확립할(治) 단일 패권자가 없으면 천하가 혼돈에 휩쓸린다(亂)고 생각했다. 중국인은 질서 정연한 정치체제를 위해서는 단일 패권자에 의한 천하의 통일이 필수적이라고 믿었다.

이런 정치적 관점은 이웃나라를 대상으로 하는 중국의 대외 관계로도 확장됐다. 한 지역에서 패권국은 하나뿐이어야 한다는 것이 중국식 지정학 질서의 기본 전제였다. 나머지 주변 국가들은 중국의 속국으로 조공(朝貢)을 바쳐야 했다. 중국이 반드시 경제적인 이득을 챙기기 위해 조공 관계를 강요한 것이라기보다는 천하의 평화를 유지하고 안정을 보장하려면 그런 시스템이 반드시 필요했다고 믿었던 것이다.

한 지역에서 국가들 사이의 동등한 관계가 있을 수 있다는 것은 중국인으로선 상상도 할 수 없는 일이었다. 중국은 동맹국으로서 다른 나라를 위해 희생할 수는 있었지만, 언제나 체격이 크고 현명한 형의 입장에서 아우들에게 도움을 준다고 생각했다.

따라서 중국인은 지역이 그런 관계로 통합되지 않으면 격동의 시기가 불가피하다고 본능적으로 생각했다. 동아시아의 평화를 위해 헤게모니가 도덕적인 당위성을 가졌던 것이다. 물론 이런 전통적인 중국 중심의 세계관은 19세기 제국주의의 침략 이후 크나큰 도전에 직면했다. 절대적 권위를 가진 패권국이던 중국(청나라)이 아편전쟁에서 예상치 못하게 영국의 손에 능욕을 당했고, 결국 준(準)식민지 상태로 전락했다. 그러나 그런 시련을 겪으면서도 원래의 전제가 완전히 바뀌지는 않았다. 중국 중심의 세계관이 약간 수정되었을 뿐이었다.

경제개발과 국제협력에 대한 중국인의 태도는 그들의 마음속에 남아 있는 두려움과 분리될 수 없다. 그 두려움은 동아시아에서 최고 권력을 가졌던 나라가 정글의 법칙을 따르는 경제 시스템과 군사력을 통해 국가적 번영을 무자비하게 추구하는 제국주의자들의 기술과 금융 수단에 굴복한 과정을 겪으며 생겨났다. 19세기 중국은 영국만이 아니라 프랑스와 독일, 일본에 의해서도 끔찍한 치욕과 파괴의 고통을 당했다.

준(準) 식민지 국가로서 당한 그런 치욕의 세기가 모든 중국인의 마음속에 자리 잡고 있으며, 그런 유산이 지금도 중국의 외교정책에 중대한 영향을 미친다. 근래 들어 세계가 놀란 중국의 경제발전은 그런 치욕의 기억이 촉발시킨 열정의 직접적인 결과다. 중국은 역사의 대부분 동안 누려 온 글로벌 지배력을 회복하고 국가의 부흥을 도모하는 데 모든 힘을 쏟았다. 물론 과거 중국이 가졌던 지배력은 세계 전체가 아니라 지역을 무대로 했다. 그러나 지금의 신세계에서는 중국도 당연히 시야를 세계로 넓혔다. 영토분쟁이든 군사훈련이든 중국인은 패권을 얻기 위한 싸움에선 절대로 패자가 되어선 안 된다고 느낀다.

동아시아에서 중국의 입장은 원래 조공 관계를 바탕으로 했다. 주변국은 중국에 매년 조공을 바치고 호의의 대가로 중국의 중심적 역할을 공식적으로 인정했다. 그런 관계는 오래 전에 끝났지만 이웃나라로부터 받는 대접에 관한 중국인의 민감성은 지금도 그대로 남아 있다. 그 결과 미국 같은 글로벌 초강대국과 부딪히면 중국은 당연히 하나의 산에 두 마리의 호랑이가 공존할 수 없다는 전제로 되돌아간다.

중국의 제국주의와 식민주의 경험은 재앙적인 피해를 불렀을 뿐 아니라 자존심까지 완전히 상하는 치욕을 안겼다. 그들은 수많은 불공정한 조약을 강제로 체결해야 했고, 국내 경제의 많은 부분을 수십 년 동안 외국 기업에 넘겨줘야 했다.

그러나 세계는 지난 40년에 걸쳐 엄청난 변화를 겪었다. 특히 지난 5년간 변화가 가장 심했다. 옛 고립주의(孤立主義) 정책이 더는 통하지 않는 아주 다른 거대한 게임이 등장했다. 중국이 동아시아에서 이전의 패권국 지위를 되찾는 것은 최상의 시나리오에서도 불가능해졌다.

중국을 그토록 괴롭힌 제국주의는 1, 2차 세계대전의 대실패 후 그 한계가 명백히 드러나면서 역사의 쓰레기통으로 쓸려 들어갔다. 그런 수직적인 식민질서 대신 주권국가 사이의 평등성과 유엔 헌장에 따른 영토 보전을 지지하는 새로운 국제질서가 확립됐다. 17세기 베스트팔렌 조약에 기초를 뒀으며, 유엔 창설을 위한 1945년 샌프란시스코 회의에서 수립된 다자주의(多者主義)가 동아시아에 이식됐다. 이와 같은 국제질서가 진화 중에 있으며 중국도 그 진화의 중요한 한 부분이다.

우리는 제2차 세계대전 이래 국제관계의 근본적인 변화를 목격했다. 많은 국가가 협력의 잠재력을 억눌렀던 19세기 적자생존의 제국주의 패권 투쟁을 뛰어넘어 진화했다. 우리는 교류와 협력을 통한 호혜의 극대화와 경제발전의 모델을 두고 폭넓은 합의에 도달했다. 이 같은 세계질서의 새로운 패러다임은 과거의 경직된 이념을 일소하고 우리에게 새로운 가능성을 제시한다. 경제통합을 촉진하고 통신과 운송의 비용을 줄이는 현재의 과학기술에서 극적인 발전이 이뤄진 덕분이다. 경제와 무역 관계에서 상호의존도의 심화가 우리 세계의 평화와 번영을 가져다주는 열쇠가 됐다.

물론 국가 간의 발전 격차는 상당히 크며 개도국과 선진국 사이의 협력을 촉진할 필요가 있다. 그러나 세계적으로 새로운 시스템의 출현은 부인할 수 없는 현상이며, 모든 차원에서 숨겨진 승자를 끌어낼 수 있는 협력과 안보, 번영의 새로운 잠재력을 제공한다. 이런 상호의존성은 무엇보다 평화로운 미래를 보장하며 지구의 자산을 전 세계에서 최대한 잘 활용할 수 있도록 해준다.

이런 변화의 선두에 유럽이 서 있다. 유럽은 글로벌 경제 시스템을 세계에서 가장 오랫동안 채택한 지역이다. 오늘날 유럽에서 특정 국가의 패권은 더 이상 이슈가 아니다. 유럽이라는 커뮤니티를 형성하는 국가들의 주된 관심은 공동번영과 상호이익의 추구다.

사실 유럽연합(EU)은 유럽 국가들 사이의 협력을 위해 경제·정치·문화·교육 부문을 통합하는 촘촘한 구조에서 일부분을 차지할 뿐이다. 그런 협력은 공동관심사를 정확히 인식할 수 있도록 해준다. EU 회원국들은 유럽이 부닥친 공동 문제의 해결에서 명확한 역할과 책임을 지며, 그런 과정이 안정과 예측가능성을 보장한다.

동아시아는 그 정도 수준의 제도적, 문화적 통합에는 아직 도달하지 못했다. 그럼에도 공동 금융기구에서 괄목할 발전을 이뤘으며, 2011년 중국·일본·한국 정부가 공동으로 운용하는 삼국협력사무국(TCS)의 출범은 동아시아가 유럽이 경험한 것과 비슷한 폭넓은 경제적, 정치적 통합을 지향한다는 점을 시사한다.

더구나 동아시아의 통합이 시작된 지 얼마 되지 않은 점을 고려하면 기구와 제도가 더 새로울 뿐 아니라 현 시대의 도전에 맞춘 유연성과 혁신의 잠재력도 더 크다.

그러나 동아시아의 독특한 역사적 유산과 문화적 특성으로 인해 이 지역은 지금 새로운 추세와 과거의 잔재가 혼란스럽게 뒤섞인 양상을 보인다. 앞으로 동북아에서도 안정되고 평화로운 질서가 등장하겠지만 궁극적으로 그것은 문화적으로나 구조적으로 유럽과 크게 다를 것이다.

따라서 중국의 부상과 동아시아에서 미국의 지속적인 역할을 고려할 때 우리가 생각해야 할 근본적인 문제는 이것이다. 어떻게 하면 동아시아의 질서를 중국 중심의 수직적인 시스템에서 호혜적 관계에 기초한 수평적 질서로 무리 없이 전환할 수 있을까? 그런 호혜적 관계는 제국주의의 위계질서 없이 과거를 풍요롭게 만들었던 중국과 일본, 한국 사이의 문화교류로 가장 잘 구현될 수 있다.

그런 가능성을 상상할 수 있다면, 미국이 포함되지만 중국과의 대치를 상정하지 않는 동아시아의 질서를 상상하는 것도 가능하다.

우리는 동아시아 국가들 사이의 패권 투쟁이 일어나지 않도록 노력해야 한다. 그런 다툼은 호혜적 관계를 지향하는 글로벌 추세를 손상할 뿐 아니라 궁극적으로 동아시아의 모든 국가에 해가 된다. 우리는 전통적인 안보 문제에 대한 책무를 다함으로써 그 시나리오를 피할 수 있다.

그러나 동시에 우리는 상상력을 발휘해 동아시아가 과거의 모델로 되돌아가지 않도록 새로운 비전을 만들어 내야 한다. 상호존중과 공존, 공영에 기초한 동아시아의 새로운 질서를 확립한다면 진정한 발전이 가능하다. 국가 간의 관계는 수직이 아니라 수평적이어야 하며 우리의 관점은 과거가 아니라 미래지향적이어야 한다. 새로운 혁신을 포용하면서 전진해야 한다는 뜻이다.

한국과 중국, 일본엔 그런 비전을 기꺼이 수용하려는 사람이 많다. 그러나 이 목표를 달성하려면 미국이 동아시아에서 새롭고 혁신적인 역할을 기꺼이 떠맡아야 한다. 현상유지를 뛰어넘는 새롭고 강력한 비전을 가진 역할이 미국에게 요구된다. 더구나 미국의 동아시아 미래 비전에는 중국이 반드시 포함돼야 한다. 반대로 중국의 동아시아 미래 비전에도 반드시 미국이 포함돼야 한다. 아울러 우리는 미국과 중국에게 어떤 기여를 해야 하는지 확실히 요구해야 한다.

동아시아의 지난 세기를 돌아보면 미·중 협력의 많은 전례를 찾을 수 있다. 그런 사례는 앞으로 안정된 동아시아의 질서를 구축하려면 무엇이 기초가 되어야 할지에 관한 구체적인 제안이 될 수 있다. 예를 들어 쇠락한 중국이 서구 제국주의의 손에 착취당했을 때 미국은 서구 제국주의 세력보다 중국에 더 협조적이고 존중을 표하는 정책을 추구했다. 1899년 모든 유럽 국가들에게 중국과의 자유무역과 경제적 평등을 요구한 존 헤이 미국 국무장관의 정책을 바탕으로 미국은 중국의 '문호개방' 정책을 추진했다.

당시 미국은 중국에서 식민지를 건설하려는 야망을 갖지 않은 유일한 강대국이었다. 오히려 미국은 제2차 세계대전에서 일본의 제국주의 야망을 종식시키고 서구의 제국주의 부활을 막는 데 중대한 역할을 했다. 미국은 당시 약체였던 중국과 손잡고 제국주의 일본을 격퇴하고 중국을 한 세기 동안의 준(準) 식민지 상태에서 해방시키는 동시에 일본도 군국주의 족쇄에서 풀려날 수 있게 도왔다.

그러나 1949년 중국에서 공산당이 집권하면서 미국과 중국의 관계가 틀어졌다. 미국은 중국의 국민당을 지지했지만 국민당 세력은 내전에서 패배해 대만으로 퇴각했다. 그 후 냉전이 시작되면서 지정학적 질서가 재편되고 미국이 동아시아 문제에 더 깊숙이 개입하면서 중국과 미국 사이가 더욱 벌어졌다. 그 결과 긍정적인 효과도 많았지만 미국의 동아시아 지원과 개입은 국내외적으로 중국의 '공산주의 위협'에 대한 대응으로만 인식됐다.

불행하게도 미국과 중국의 이념적인 갈등이 고조되면서 양국은 급기야 한반도에서 군사적으로 충돌했다. 긴장과 대치의 심화로 동아시아는 그 후 수십 년 동안 분열을 겪었고, 아시아인이 자신의 잠재력을 인식하는 방식도 달라졌다. 그러나 1970년대 들어 바람직한 변화가 시작됐다. 미국이 리처드 닉슨 대통령의 방중(訪中)을 계기로 중국과 관계를 정상화하고 중국을 국제사회로 끌어들였다. 미국은 데탕트(긴장완화)를 넘어서는 양국의 관계 개선이 가능하다는 비전을 제시했다.

중국은 서방과 관계를 개선함으로써 얻을 수 있는 무역과 경제성장의 새로운 기회에 고무됐다. 그에 따라 중국은 역사적인 결단을 통해 경제·정치 개혁의 길을 걸으면서 규칙에 입각한 글로벌 시스템을 수용하고 국제 무역질서에 참여함으로써 놀라운 경제성장을 이룩했다. 중국은 미국 시장에 본격 진출하면서 이념투쟁을 초월하는 새로운 가능성을 발견했다.

미국도 중국을 적극 포용했다. 중국의 금융정책과 법제도 개혁, 현대화 지원을 통해 상호협력을 강화하고 중국이 여러 다자간 기구에 가입하도록 도왔다. 중국은 그 기회를 놓치지 않았고 그 결과 경제대국으로 부상할 수 있었다. 이념투쟁에서 빚어진 문화혁명과 그에 따른 피폐함과는 극명한 대조를 이뤘다.

중국은 덩샤오핑의 리더십 아래 더 넓은 국제공동체로 진출했다. 중국인에게 미국과 자본주의 시스템은 더 이상 외세의 위협이 아니라 새로운 기회였다. 그 다음 중국은 2001년 세계무역기구(WTO)에 가입하는 전례 없는 결단으로 명실공히 국제사회의 핵심 국가로 부상하면서 세계은행을 비롯해 브레턴우즈 체제 안에서 역할을 확대했다.

요컨대 미국은 중국의 부상에서 우호적이고 긍정적인 역할을 했다. 과거 미국과 영국의 협력 같은 역사적 전례는 미국과 중국도 중국이 부상하는 동안과 그 이후까지 상호 협력관계를 유지할 수 있다는 것을 시사한다. 물론 특정 사안에서 의견 충돌과 오해는 불가피하다.

전반적으로 지난 세기 동아시아의 지배적인 외부 세력으로서 미국의 행동은 이 지역의 평화와 안정, 번영에 기여한 것으로 평가된다. 우드로 윌슨 대통령 아래서는 서구 식민주의에 반대했고, 프랭클린 D. 루스벨트 대통령 아래서는 일본 제국주의에 맞서는 저항을 지원했으며, 냉전 시기에는 동아시아의 민주화를 도모했다. 닉슨과 키신저 아래서 중국과 화해의 길을 튼 다음 탈냉전 시대에 들어선 중국의 자유시장과 글로벌 거버넌스를 폭넓게 지원했다. 미국은 무역 촉진을 위한 중국의 '문호개방' 정책을 시작으로 동아시아에서 정직한 중재자의 역할을 떠맡으면서 안정되고 호혜적인 질서의 기초를 마련했다.

미국이 중국과 협력하며 지역 안정과 발전을 위해 긍정적인 역할을 한 전례는 중국을 통합하는 동아시아의 새로운 질서도 얼마든지 가능하다는 점을 시사한다. 미국은 중국을 명확한 권리와 책임을 가진 강대국으로 받아들여 양국 관계를 더욱 발전시킬 수 있다. 또 미국은 중국이 국제사회의 리더로 부상하는 과정에서 세계적으로 어떤 역할을 맡아야 할지 본보기를 제공할 수 있다. 이처럼 두 마리의 호랑이가 하나의 지역에서 불필요한 다툼을 피하고 평화와 안정, 공영을 위해 협력할 수 있는 길은 얼마든지 있다.

솔직히 말해 나는 동아시아 국가들이 순전히 독자적으로 새로운 지정학적 질서를 만들어 낼 수 있다고는 생각하지 않는다. 우선 동아시아 국가들은 현대 국제관계와 세계적인 기구에서의 경험이 부족하다. 지난 300년 동안 유럽에서 지역협력을 뒷받침한 규범과 관행도 이곳에선 아직 확립되지 않았다. 게다가 영토분쟁과 역사적 경험의 해석에서 견해가 아주 달라 언제든 심각한 분쟁이 재발할 수 있다.

근래 이 지역의 심각한 경제적, 정치적 분열과 단절은 원기왕성한 경제성장에 필수적인 안정을 손상시키고 있다. 따라서 미국은 동아시아에서 각국이 호혜적이고 협력적인 질서를 확립하는 데 중국도 동등한 입장에서 건설적으로 참여하도록 격려해야 하는 분명하고 긴급한 과제를 갖고 있다. 우리는 법의 지배로 뒷받침되는 지속 가능하고 열린 미래를 건설하기 위해 공동 관심사와 비전을 명확히 규정할 필요가 있다.

우리는 1950년대 유럽석탄철강공동체(ECSC)를 시발점으로 유럽에서 나타난 것과 비슷한 질서가 앞으로 동아시아에서도 등장하리라고 상상할 수 있다. 그러나 이 새로운 공동체는 동아시아의 특성에 따른 독특한 면을 갖게 될 것이다. 나는 미국이 그 과정에 중국을 참여시킬 수 있는 성숙도와 비전, 경험을 갖고 있다고 믿는다. 중국이 새로운 질서에서 명확한 역할을 맡고 더 번창하고 열린 미래 비전에 기여하도록 할 수 있도록 말이다.

미국 오바마 정부가 임기 후반부에 추진한 '재균형'(rebalancing) 또는 '아시아로 중심축 이동'(pivot to Asia) 정책을 보자. 나는 이를 세계에서 동아시아의 새로운 경제적 중요성을 미국이 깊이 인식한 다는 사실을 반영하는 정책이라고 믿는다. 아시아 지역에서 상호관 계를 한층 더 개선하고 그 방향으로 국가 전략을 재설정하는 데 적 극 투자하겠다는 미국 정부의 의지가 잘 드러나 있다.

그러나 중국은 미국의 그런 의도를 곧잘 오해한다. 아시아에서 미국이 참여와 개입을 늘리는 약간의 움직임이라도 보이면 그것이 중국을 봉쇄하고 포위하려는 술책이라고 넘겨짚는 경향이 있다. 중 국이 서구 식민주의를 고통스럽게 겪었다는 사실이 그 이유의 일부 다. 두 세기에 걸쳐 서구로부터 당한 치욕 때문에 중국은 조금이라 도 무시당한다고 느끼면 아주 민감하게 반응하며, 현재의 발전 성 과에 대단한 자부심을 갖는다. 그런 심리를 감안하면 바람직하진 않지만 중국이 동아시아에서 미국의 의도를 의심하는 것도 어느 정 도 이해할 만하다. 오랜 국가적 치욕의 역사로 인해 외세에 대한 피 해의식을 갖는 것은 당연하기 때문이다.

중국은 고속성장과 기술혁신에 자부심을 가지면서도 동시에 그 로 인해 발생하는 심각한 국내 문제를 크게 우려하고 있다는 사실 을 우리는 명심해야 한다. 중국의 재정적 안정성과 투기 과열, 중 국 경제의 장기적 왜곡, 오염이 환경과 국민의 삶에 미치는 영향 등 이 그 예다. 그런 현실적인 문제가 국수주의(國粹主義) 정서와 결합해 외세의 의도에 대한 경계심을 증폭시킨다.

　미국도 동아시아의 안정되고 호혜적인 질서를 확립하려는 정당한 노력이 중국의 부상을 가로막으려는 술책으로 오인될 수 있는 방식으로 행동해선 안 된다. 미국은 그런 노력의 의도를 명확히 밝히고 일관된 동아시아 정책의 일부라고 중국을 설득해야 한다. 미국인 다수는 중국과의 돈독한 관계를 지지하며 중국이 발전하면 미국에도 득이 된다고 생각한다.

　그러나 2016년 미국 선거에서 당선된 도널드 트럼프 대통령은 선거운동 과정에서 중국이 미국에 경제적으로 엄청난 부정적인 영향을 미친다고 강하게 주장하면서 많은 논란을 빚었다. 그런 현상은 양국이 앞으로 서로 협력할 수 있다는 확실한 비전이 없다면 사소한 경제적 이슈라도 큰 혼란을 가져올 위험이 있다는 점을 시사한다. 미국이 중국을 포위하고 봉쇄해야 할 필요가 있다는 뜻만 내비쳐도 중국은 크게 반발할 수밖에 없다.

　양대 초강대국 사이의 현 상황을 고려할 때 떠오르는 또 다른 고대 중국 속담이 있다. "소나무가 무성하면 잣나무가 기뻐한다"(松茂柏悅)라는 속담이다. 동아시아의 미래에 대한 대안적 패러다임을 시사하는 이 속담은 숲의 나무들이 넓은 생태계의 일부로서 서로 상호작용하며, 그런 관계는 나무들이 서로 공유하는 미생물이든 서로의 잎이 만들어 내는 거름이든 전부 부정적이 아니라 긍정적이라는 뜻을 담고 있다. 잣나무와 소나무는 서로를 지지할 수 있도록 해

주는 거대한 공생관계의 일부다.

이런 비유의 논리를 따르자면, 중국이 이웃 국가들과 더 긴밀히 협력하고 동아시아의 열린 공동체 창설에 더 많이 기여하기를 국제 사회가 원한다면, 미국이 중국의 부상을 앞장서서 환영하고 다양한 분야와 차원의 폭넓은 대화에 중국을 동등한 파트너로서 참여시켜야 한다. 예를 들어 미국과 중국의 초등학생부터 교수까지 서로 활발히 교류하고, 양국의 지방정부 관리들이 서로 협력하며, 양국의 주요 기업 대표들이 회합을 자주 가져야 한다.

미국이 번창하는 중국을 환영한다면 중국도 국제사회에서 책임이 더 막중한 역할을 떠맡음으로써 그에 화답할 것이라고 나는 믿는다. 2016년 9월 중국 항저우에서 개최된 G20 정상회의에서 버락 오바마 미국 대통령과 시진핑 중국 국가주석이 파리 기후협정을 함께 비준함으로써 기후변화에 공동 대응하기로 합의한 것은 양국 협력의 가능성을 잘 보여 준다. 중국은 이전에도 그처럼 신속한 제도적 성장을 이룰 수 있다는 것을 입증했다.

특히 최근 대북(對北) 경제제재에 참여하는 중국의 노력은 상호 존중과 공존, 공영을 바탕으로 하는 동아시아 지역의 새로운 질서를 받아들일 준비가 되어 있다는 점을 시사한다.

우리가 극복해야 할 도전은 유럽의 성공적인 통합 사례를 중국과 이웃나라들에 의미 있는 방식으로 적용하는 것이다. 그러기 위해서는 중국과 이웃나라들 사이의 비(非)가부장적인 관계를 시사하는 역사적 사례를 신중하게 검토해야 한다. 중국과 미국의 학계, 산업계, 정계·관계, 시민사회 등 폭넓은 분야의 인사들을 그 토론에 참여시킨다면 앞으로 그처럼 더 넓은 공동체에 합류해야 중국의 발전 가능성이 더 크다는 사실을 중국인들에게 확신시킬 수 있을 것이다.

미국은 동아시아의 모든 이해당사국과 손잡고 협력을 위한 공동의 의제를 확립하는 동시에, 그런 노력을 방해하는 편협한 국수주의와 우월주의(優越主義)를 배제해야 한다. 우리는 기후변화와 사이버 공격부터 금융 붕괴와 가짜뉴스까지 공통의 위협에 직면했다. 우리는 공동체로서 그 같은 문제를 함께 해결해야 한다. 전통적으로 미국은 북한의 핵(核) 프로그램 같은 잠재적 문제를 다자간 형식으로 논의하고 실행 가능한 해결책을 도출하는 과정에서 중요한 역할을 했다.

전체를 아우를 수 있는 중요한 해결책이 요구되는 문제는 다양한 분야에서 계속 생기고 있다. 그와 관련해 미국은 비즈니스와 금융, 무역 부문에서 핵심적인 역할을 할 수 있다. 오바마 행정부가 2016년 환태평양 경제동반자협정(TPP) 체결에 실패했다는 사실로 미뤄보면 지금이 미국의 역할에서 폭넓은 실험과 혁신이 필요한 시기다. 나는 미국이 경쟁과 효율성, 합리성을 추구함으로써 상호이익이 실현될 수 있도록 계속 노력할 것으로 기대한다.

미국은 경제교류에 개인의 참여 기회를 장려하고 규칙 준수와 높은 수준의 투명성을 요구해야 한다. 무엇보다 중요한 점은 그런 논의에 모든 이해당사국을 참여시켜야 하며 특히 그 자리에서 중국이 우려와 희망을 솔직히 밝히도록 허용하는 것이다.

명목상으로나 실질적으로나 동아시아의 새로운 질서를 구축하는 최선의 길은 협력의 성공적인 선례를 확립하는 것이다. 북한 핵 프로그램을 둘러싼 논란을 효과적으로 해결하는 것이 본보기 사례가 될 수 있다. 북한이 최근 실시한 5차 핵실험은 모든 동아시아 국가의 신속하고 일치된 대응을 필요로 한다. 이건 분명히 위기다. 그러나 새롭고 혁신적인 해법을 제시할 수 있는 절호의 기회이기도 하다.

미국과 중국은 긴밀한 협력을 통해 장기적인 해결책을 모색할 수 있다. 그런 과정을 통해 양국은 더 돈독한 관계를 형성함으로써 문제 해결의 폭넓은 경험을 서로 주고받을 수 있을 것이다. 또 그런 선례는 기후변화나 군사교류 분야의 협력으로 확대될 수 있다.

미국과 중국이 경제와 안보 협력 측면에서 공동 의제를 설정할 수 있다면 그런 움직임은 동아시아의 다른 국가들이 서로 간 더 긴밀한 관계를 추구하는 문제에서 자신감을 가질 수 있도록 할 것이다. 생태계의 그처럼 광범위한 변화만이 동아시아에서 유일하게 고립된 북한을 이끌어 내 우리 시대의 공동 흐름에 합류하도록 설득할 수 있다.

지리적인 현실로 볼 때 중국과 미국은 동아시아의 영구한 일부가 될 수밖에 없다. 중국은 경제 규모가 어마어마한 수준에 도달했고, 세계 각지에서 효율적으로 활동할 수 있다. 따라서 이제는 중국이 역내(域內) 공존과 공영에 전념할 때가 무르익었다. 그런 노력은 이 지역에서 미국의 존재를 변함없는 안정화 요소로서 받아들이는 것을 전제로 해야 한다.

나는 중국이 동아시아에서 미국이 맡는 역할을 환영하며, 양국의 역내 개입과 서로 간의 관계에서 "소나무가 무성하면 잣나무가 기뻐한다"는 송무백열(松茂柏悅)의 접근법을 취할 것으로 기대한다.

중국은 새로 얻은 경제적·정치적 힘을 동원해 공격적으로 영향력을 외부로 투사하기보다는 공영과 협력의 증진을 바탕으로 하는 국내·역내 개발에 그 힘을 쏟아야 한다. 이미 확립된 분야도 많고 사이버안보 같은 새로운 분야도 많다. 그런 새로운 분야는 중국과 미국의 선견지명 있는 리더십을 요구한다. 그런 리더십은 21세기의 안정된 정치질서 구축에 기초가 된다.

동북아의 중앙에 위치한 중견국으로서 모든 이웃나라들과 긴밀한 다자간 관계를 발전시킨 한국은 동아시아의 새로운 질서 구축에 전념하며 모든 오해와 실수를 극복하기 위해 전력을 다할 수 있다. 한국은 미국의 동맹국으로서 일본과 뿌리 깊은 관계를 갖고 있으며, 지난 10년 동안 중국과 러시아의 중요한 파트너로 성장했다. 한국은 역내 국가들 사이의 상호존중과 공영, 상호의존에 기초한 공동체 확립에 앞장설 수 있는 독특한 위치에 있다.

한국은 식민주의나 제국주의에 빠져든 역사가 없는 국가로서 역내 통합의 증진을 설득력 있게 주장할 수 있다. 특히 그처럼 규칙에 입각한 경제·정치의 통합은 한반도 분단의 비극을 해결하는 데 필수적이다. 한국은 중국의 부상을 지정학적 기정사실로 받아들이며, 정보기술(IT)과 국제무역에서 풍부한 경험을 갖고 있다. 따라서 한국은 미국과 중국이라는 양대 초강대국이 진정한 호혜 원칙에 기초하여 고도로 네트워크화된 21세기형 지구촌 구축에 합의하는 과정에서 가장 적합한 파트너가 될 수 있다.

성공의 열쇠는 건설적이고 긍정적인 접근법이다. 이를 통해 우리는 파트너의 요구사항과 관점을 배려하는 국제관계를 구축할 수 있다. 미국과 중국은 공동의 혜택을 실현하기 위해 다양한 측면에서 상호존중과 협력을 바탕으로 하는 현실적인 관점을 채택해야 한다. 인터넷부터 새로운 글로벌 무역체제까지 다양한 분야의 새로운 발전은 그런 전례 없는 협력을 가능케 해줄 뿐 아니라 그런 협력을 필수적으로 만든다. 그러나 금세기에 그런 거버넌스의 과정이 얼마나 순조로울지는 미지수다. 그것은 전적으로 미국의 리더십, 그리고 중국의 책임감과 비전이 가져다줄 지혜와 창의성에 달려 있기 때문이다.

우리는 동아시아의 새로운 질서를 창조할 수 있다. 그 질서 속에서 작고 큰 나라들은 나무처럼 지표(地表) 아래선 뿌리가 서로 얽히고, 우리 머리 위에선 가지들이 한데 어우러져 푸르고 평화로운 숲을 형성할 것이다. 그처럼 자연스럽게 우거진 숲에서는 어떤 줄무늬를 가진 호랑이도 서로 싸우지 않고 자유롭게 거닐 수 있을 것이다.

거버넌스 위기 해결을 위한
기회로서의 통일 한국

현 시대의 거버넌스 문제는 한반도에서 가장 두드러진다. 단일국가가 근본적으로 다른 이념과 경제정책 아래 70년 동안 남·북한으로 분단돼 왔다. 따라서 남·북한을 통합하는 과정은 그야말로 어마어마한 도전이다. 제도가 판이하며, 사회적 관계와 경제정책에 관한 기본 전제가 상충(相衝)될 뿐 아니라 행복과 성공의 개념조차 거의 정반대다. 또 한국은 세계 최고의 첨단기술을 자랑하는 부국(富國) 중 하나인 반면, 북한은 인프라의 대부분이 1940년대로 거슬러 올라가고 극단적인 산림 벌채와 광범위한 빈곤에 시달린다.

남·북한이 서로 협력하고 새로운 긍정적 공동 의제를 설정할 방법을 찾는 일이 아예 불가능하다고 일축하기 쉽다. 비용이 과다하게 들고 어려움이 너무 크며 규모가 너무 거대해, 그런 제안은 현실주의자로 자처하는 사람들에 의해 흔히 묵살된다. 한반도의 통일 전략을 모색하는 일은 경제적·정치적 현실의 한계를 훨씬 뛰어넘는 순진하고 이상주의적인 노력으로 치부된다.

그러나 한반도는 진공 상태에서 홀로 존재하지 않는다. 한국이 직면한 문제는 세계 도처에서 볼 수 있는 분단과 모순의 완벽한 상징이라고 할 수 있다. 남·북한을 통합하는 과정은 각 국가 내부와 세계 각 지역 간에 빈부 격차를 더욱 벌려 놓는 심각한 분열에 대한 해결책을 도출하는 과정에서 우리가 반드시 거쳐야 할 중대한 실험이 될 수 있다.

통일은 한반도의 특유한 과제이지만 세계 각지의 유사한 분단과 연속선상에 있다. 남·북한을 가르는 비무장지대(DMZ)는 너무도 오래 끌어온 국토 분단과 비극을 극적으로 상징하지만, 공동체를 분리하는 수많은 장벽이 요즘도 세계 곳곳에서 세워지고 있다. 미국과 멕시코 사이, 서부 사하라의 모로코와 모리타니아 사이, 인도와 방글라데시 사이에 분리의 벽이 세워졌고, 도시 내부에서도 부자와 빈자를 가르는 그런 벽이 수없이 많다.

따라서 DMZ를 탄생시킨 이념 차이와 경제적 상충 문제를 해결하는 방법을 찾는 것은 한반도의 통일을 위한 노력 그 이상을 의미한다. 한반도의 문화적·정치적 분단에 대한 영구적 해법은 다른 국가들이 기준으로 삼아야 할 본보기인 동시에 영감(靈感)이 될 것이다. 요컨대 한반도 통일은 한국의 문제만이 아니라 글로벌한 사회와 문화의 문제인 것이다.

한반도의 통일은 역사적인 사건이 될 것이다. 단지 좀더 나은 스마트폰을 만들기 위해서가 아니라, 부유국과 개도국 사이의 실행 가능한 통합을 이뤄 내기 위해 우리의 상상력과 혁신 기술을 총동원해야 하기 때문이다. 한국의 통일 접근법과 그 아래 놓여 있는 놀라운 문화적·사회적 혁신은 과거 유럽의 마셜플랜(제2차 세계대전 후 미국이 서유럽에서 실시한 원조 계획)처럼 영감을 줄 수 있는 세계적인 모델이 될 수 있다.

그 맨 첫 단계는 화폐나 정치세력의 통합, 또는 지정학적 추세를 만들어 내는 것이 아니다. 그보다 더 중요한 것은 사회의 모든 차원에서 혁신과 변화의 수단으로서 통일의 개념을 정립하는 것이다.

우리는 하나의 아이디어와 꿈, 비전으로 이 일을 시작할 수 있다. 우리가 한국의 통일 프로젝트를 거버넌스와 인프라에서 혁신을 도모하기 위한 더 큰 노력과 결부시킬 수 있다면 동기유발이 더 잘 되고 노력의 실현 가능성도 그만큼 커질 것이다.

나는 지난 몇십 년 동안 자동차와 스마트폰 설계, 음악과 미술, 스포츠 부문, 또는 창의적·열정적이고 뛰어나며 상상력 가득한 제품을 생산하는 면에서 한국의 놀라운 혁신을 목격했다. 양혜규, 코디 최 등 세계의 주목을 받는 예술가들도 숱하다.

지금 우리의 문제는 그와 같은 한국인의 혁신 정신과 열정적으로 무에서 유를 창조하는 능력과 문화적 감수성을 활용해 통일된 한국에서 평등하고 열린 사회를 건설할 수 있는 해결책을 어떻게 만들어 낼 것인가이다. 또 어떻게 문화 교류를 통해 남·북한 관계를 새롭게 구축할 틀을 찾고, 관용과 공감을 중시하는 혁신(革新) 사회를 먼저 한국에서, 그리고 세계에서 건설할 수 있느냐 하는 것이다.

물론 쉽지 않은 일이다. 그러나 출발이 순조롭다면 엄청난 열정과 에너지를 창출할 수 있다. 통일을 위한 투자를 국민에게 빚을 떠안기는 고통스러운 부담으로 바라본다면, 그 발상 자체에 짓눌려 자연히 옴츠러들 것이다. 반면 새로운 국가, 세계 최고의 인프라와 친환경적인 에너지 시스템을 가졌으며 거버넌스와 민주적 절차를 실험하는 혁신 국가를 건설하는 프로젝트로 본다면, 그 프로젝트는 우주 탐사의 시대를 연 '아폴로 미션'과 비슷해질 수 있다. 역사에 남을 놀라운 사회를 건설하는 공동의 목표가 될 수 있다는 뜻이다.

한반도 통일 프로젝트가 사회적 경험이 판이한 사람들을 하나의 집단으로 통합해 긴급한 사회·경제적 문제의 해결책을 찾는 새로운 문명의 플랫폼이 될 수 있다면, 더 큰 중요성을 갖게 될 것이다.

지금처럼 급속한 세계화의 시대에 실용적 해결책을 찾는 과정에서 우리는 서로에게서 예상치 않았던 공통분모를 발견할 수 있다. 또 한반도 생태계를 복구하고, 젊은이들에게 기회를 주는 창업, 국제적 협력을 통한 신기술 개발을 모색하는 등 공동의 목표를 향해 함께 노력하면 더 뜨거운 열의가 분출될 것이다. 그 결과로 나타나는 기술적 변화, 세계적 통합, 사회 내부의 분화는 전례 없이 제도적 개혁을 필요로 할 것이다.

우리가 분단국가의 비극 속에서 직면한 거버넌스 문제는 세계의 다른 지역에서 발견되는 것과 공통점이 많다. 첫째는 남·북한이 아주 다르다는 것인데, 제도적 측면에서 분명한 사실이다.

그러나 남·북한과 세계의 모든 인류가 가질 수 있는 공동 관심사에 대화의 초점을 맞추면 문화적 동질성이 서서히 드러날 것이다. 더 나은 세계를 건설하는 목표를 향해 남·북한이 하나로 뭉치고, 그 정신이 세계로 뻗어 나가게 될 것이다. 우리가 필사적으로 갈구하고 있는 해법이 그것이다. 그런 거대한 도전이 있어야만 우리는 수동적인 소비문화에서 탈피해, 제품만이 아니라 제도와 기관, 문화 전통까지 발전시키는 일로 돌아갈 수 있다.

우리의 젊은이에게 양질의 교육이나 성공할 기회가 부족한 건 아니다. 그들에게 부족한 건 동기유발과 영감이다. 특히 역사적인 의미가 있는 일, 자신만이 아니라 인류 전체의 혜택을 위한 일에 뛰어들 기회가 결여돼 있다. 그들은 희생과 헌신의 의미를 알지 못하며, 공동체에 지속적인 활력을 불어넣는 일에 대한 믿음이 없다. 한반도 통일 프로젝트는 그들에게 반드시 필요하며 돈으로 살 수 없는 도전의 기회와 영감을 제공할 것이다.

통일이라는 도전은 한국인에게 다시 '큰 틀에서 사고할 기회'를 줄 수 있다. 1960~1970년대의 한국인은 궁핍한 나라에서 고통스러운 삶을 살았다. 그러나 계획에 관한 한 한국은 최고 수준을 자랑했다. 한국의 인재들은 완전히 새로운 산업을 개발하는 계획을 세웠다. 그들은 한국이 아무런 경험 없는 조선(造船) 사업에 뛰어드는 것을 상상했다. 그들은 30년에 걸쳐 섬유에서 모터사이클로, 자동차로, 항공우주로 이어지는 산업 한국을 계획했고, 그 계획을 착실히 실행했다. 그들은 대다수가 여전히 배고프던 시절에 올림픽 유치에 나설 정도로 자신만만했다.

그처럼 사회·경제 건설을 위한 원대한 사고와 계획은 한반도를 통일하고 새로운 사회를 건설하는 위대한 프로젝트를 시작할 때 우리에게 다시 돌아올 수 있을 것이다. 그러나 오늘날의 한국인은 그런 원대한 사고력을 상당 부분 잃어버렸다. 지금 우리는 스마트폰의 세부적 설계나 완벽한 화장품 제조법, 차세대 반도체 설계에 지나치게 집착한다.

컴퓨터 프로세서의 성능이 기하급수적으로 증가하면서 기술은 어지러울 정도의 속도로 발전한다. 그 결과 전 세계의 거버넌스 시스템은 기술과 사회의 변화를 따라잡지 못하고 시대에 뒤지고 있다. 거버넌스의 위기가 극에 달한 지금 우리에겐 새로운 방향으로 움직일 기회가 필요하다. 한반도 통일 프로젝트가 바로 그런 기회가 될 수 있다.

새로운 통일 한국의 거버넌스가 인류가 직면한 핵심적인 문제를 다룰 수 있다고 상상해 보라. 그 일에 통일 한국이 없어서는 안 될 존재라고 상상해 보라. 500년에 한 번 올까 말까 한 이 기회를 활용해 새로운 거버넌스 시스템을 만들 수 있다면 우리는 모든 단계에서 혁신가가 될 수 있다. 거버넌스의 속성 자체를 완전히 개조할 수 있는 역사적 기회가 있다면 단기적으로 경제적 대가를 치르더라도 시도해 볼 가치가 있지 않을까?

통일은 바람직한 거버넌스 모델을 창조하는 자유주의 정신을 발현할 절호의 기회가 될 수 있다. 1215년 조인된 마그나 카르타가 영국 입헌 거버넌스의 모델이 됐듯이 한반도 통일은 기후변화, 고령화 사회, 기술이 민주주의에 미치는 영향, 프라이버시 등 현대 사회의 복잡한 문제를 혁신적인 새 시스템을 적용해 해결하는 제도적 개혁을 촉진할 수 있다. 지나치게 이상적인 발상처럼 들릴지 모르지만 우리가 성공하려면 그런 관점이 반드시 필요하다.

특히 한반도 통일 프로젝트는 국가적 차원에서 중요한 실험을 할 수 있는 기회다. 우리는 국민이 거버넌스 과정에 좀더 직접적으로 참여할 수 있게 해주고 정부 관리들이 의미 있는 개혁을 추진할 수 있도록 권한을 부여하는 새로운 시스템을 만들어 정부를 혁신할 수 있다. 그렇게 함으로써 기술의 급진적인 변화에서 비롯된 국민의 욕구와 정부 사이의 격차를 메울 수 있다.

또한 우리는 교육이 보다 실용적이 되도록 개혁하고 부의 잘못된 분배에서 기인하는 크나큰 교육 격차를 극복함으로써 공공 교육을 혁신할 수 있다. 남·북한의 교육을 혁신함으로써 인도주의를 회복하고, 경쟁을 완화하며, 북한 주민의 필요성을 해결해 주는 더 큰 문제도 다룰 수 있다.

그와 함께 우리의 엘리트 의식과 차별적인 행동도 고쳐야 한다. 북한을 포용하는 열린 사회를 만들기 위해선 너무도 많은 사람을 배제하는 현재의 교육 시스템을 개혁해야 한다. 통일은 우리의 포용 수준을 더 높은 단계로 끌어올릴 것이다. 아울러 이 과정에서 우리는 교육이 돈을 벌기 위한 수단이 아니라 도덕적 의무라는 사실을 천명해야 한다. 앞으로 모든 국민에게 제공되는 공교육의 발전을 위한 한국의 실험이 세계의 본보기가 되기를 기대한다. 적어도 교육 종사자들은 그런 식으로 생각해야 마땅하다.

통일이 우리에게 기회를 제공하는 또 다른 분야는 인프라다. 한국은 통일 과정을 통해 지금까지 어떤 나라도 엄두 내지 못한 진정한 친환경 경제를 건설할 가능성이 충분하다. 우리는 환경 친화적인 주택, 전기만 사용하는 교통 시스템, 소중한 천연자원을 낭비하지 않는 합리적인 도시를 만들 수 있다.

통일 프로젝트는 우리가 더욱 큰 틀의 사고를 할 수 있도록 해줄 것이다. 한걸음 뒤로 물러나 앞으로 우리 사회에 진정 필요한 것이 무엇인지 깊이 생각한 뒤 열정과 비전을 갖고 계획을 실천해 나가는 방식 말이다. 통일로 나아가는 한국은 DMZ에 의해 대륙에서 단절된 채 갈수록 고립되어 가는 나라가 아니라 훨씬 더 살기 좋은 나라가 될 것이다. 우리가 현재 직면한 고령화 사회와 저출산율 문제를 해결하려면 그런 이상을 지향하는 비전이 절실하다.

그러나 우리는 통일의 혜택이 무엇일지 추정하는 문제에서 좀더 신중할 필요가 있다. 물론 통일이 가져다주는 명백한 혜택이 있다. 예를 들면 북한에 풍부한 석탄이나 금, 희토류 등의 자원을 활용할 수 있다. 하지만 천연자원 개발이 한 국가의 장기적인 복지에 미치는 영향은 바람직하지만은 않다. 천연자원은 사회의 계층화를 부추기며 지역사회에 필요한 것을 가져다주지 못하는 경우가 많다.

비슷한 맥락에서 북한의 고숙련 저임금 노동력을 활용하면 경제적 이득이 클 것이라고 믿는 사람이 많다. 언어와 문화가 같다는 사실은 북한 주민과 손잡고 고품질 제품을 낮은 비용으로 생산할 수 있게 해줄 것이다. 국제 경쟁력이 그만큼 강해진다는 뜻이다. 이 같은 북한 노동력의 국제 경쟁력이 한국에 큰 이득이 될 것은 분명하다. 하지만 우리의 궁극적인 목표는 사회적·경제적 분열을 뛰어넘을 수 있는 평등 사회의 건설이 돼야 한다. 소득 격차를 이용하는 정책은 크나 큰 실수가 될 것이다. 통일된 한국에서는 북한의 값싼 노동력이라는 개념 자체가 무의미하다.

우리는 한반도 전체를 더욱 평등하게 만들어 새로운 역사를 씀으로써 세계의 본보기가 되어야 한다. 우리의 기대를 더 높은 이상으로 상향 조정해야 한다는 뜻이다. 한국이 발전해 나가야 할 과정을 이 책에서 구체적으로 제시할 수는 없다. 다만 한국에는 교육을 잘 받았고 창의적이며 도덕적인 의식이 강하고 헌신적인 사람이 많다. 그들이 이 문제에 집중할 수만 있다면 거대한 변화를 끌어내는 것이 얼마든지 가능하다는 점을 얘기할 수 있을 뿐이다.

한반도의 통일은 변화의 깊이에서 독일의 통일을 능가할 것이다. 한반도의 경우 독일보다 통일의 조건이 훨씬 복잡하고 맞추기 어렵다고 생각하는 사람이 많지만 경제학이라는 좁은 렌즈를 통해 통일을 바라볼 때만 그럴 뿐이다.

우리는 한반도의 통일이 전적으로 하나의 선택이 아니라는 점을 명심해야 한다. 북한을 남한으로부터 또는 국제사회로부터 고립된 상태로 두는 것은 우리에게 큰 리스크가 된다. 우리는 북한이 군국화(軍國化)와 권력 집중의 위험한 길을 걷도록 허용할 수 없다. 따라서 남한과 국제사회의 사려 깊은 사람들이 나서야 한다.

우리는 먼저 북한 사람들이 받아들일 수 있는 통합에 필요한 계획으로 이 프로젝트를 시작해야 한다. 그들의 신뢰와 열의, 희망을 불러일으킬 수 있는 계획이어야 한다. 통일 한국은 동북아에서 장기적으로 평화로운 환경을 만드는 데 필수적이다. 그런 실용적인 계획을 갖고 통일을 추진하는 것이 우리의 도덕적 의무다.

현재 남·북한 정부가 가시 돋친 말을 주고받고 있지만 한반도 통합의 여정은 이미 시작됐다. 북한은 고립정책과 국제 제재에도 불구하고 세계경제에 편입되는 중이다. 북한의 특권층은 중국과 러시아를 여행하고, 명품을 구입하고, 외화를 사들이며, 심지어 해외 계좌를 개설해 남한을 포함해 세계 각지에 투자할 수도 있다. 그들은 국제사회와 협력하면 득이 된다는 사실을 잘 알며 경제교류를 위한 다양한 계획을 실험하고 있다.

북한과 국제사회 사이의 경제·금융 통합을 위한 여건은 이미 갖추어졌다. 현재의 제재국면 속에서도 교류의 새로운 희망이 엿보인다. 하지만 더 중요한 거버넌스 문제를 먼저 해결해야 한다. 정부를 어떻게 운영하며, 기술이 주도하고 기후변화의 위협과 사회적 격차가 심각한 시대에 어떻게 바람직한 사회를 건설할지를 둘러싼 광범위한 토론에 북한을 참여시킬 방법이 분명히 있을 것이다.

이런 주제를 두고 북한과 솔직한 토론을 갖는다면 새로운 합의를 도출할 수 있을지 모른다. 그런 합의는 핵무기 프로그램을 둘러싼 맞대응을 뛰어넘어 인류의 미래에 관한 계획을 논의하는 곳으로 우리를 인도할 것이다.

그런 대화가 가능한 것은 남·북한의 이념적 장벽이 무너지고 있기 때문이다. 20년 전만 해도 옷차림과 표정만 봐도 북한 사람임을 알 수 있었다. 경직된 사회주의 이념에 기초한 완전히 다른 세계관 때문이었다. 그러나 지금은 차이가 그렇게 명확하지 않다. 예를 들어 북한 지도자 김정은의 말과 제스처, 심지어 차림새도 베이징이나 서울의 젊은이들과 크게 다르지 않다. 북한의 당과 군이 공산주의 이념이 이끄는 기계에서 경제적 혜택을 추구하는 올리가르히 (oligarch)로 변모하면서 외부 관계의 성격도 달라지고 있다.

더 중요한 것은 이념의 격차가 사라지면 서로 줄 것은 주고 받을 것은 받는 일괄타결이 가능한 '그랜드 바겐'의 돌파구가 생긴다는 점이다. 다만 그런 그랜드 바겐은 그것을 성사시키고 수용할 상상력과 비전이 있어야만 실현될 수 있다.

그러나 그것은 투명한 방식으로 이뤄져야 한다. 만약 통합 과정이 남·북한의 범죄자들에 의해 진행되고 밀실에서 논의된다면 실패할 수밖에 없다. 그럴 경우 통일 한국은 비인간적 요소가 지배하는, 도저히 용납할 수 없는 형태가 될 것이다. 원치 않는 비극적 통일로 인해 100년 전으로 후퇴하는 상황을 피하기 위해 우리는 모두가 더 나은 삶을 추구할 수 있도록 최선의 목적을 갖고 노력해야 한다. 통합의 현실을 인정하지 않으려고 한다면, 또는 남·북한 사이의 문화 교류와 제도적 협력을 달성하는 어려운 과제에 실행 가능한 해결책을 찾지 못한다면, 통합의 과정은 지연되는 게 아니라 잘못된 방향으로 흘러갈 것이다.

한국인은 한반도의 미래에 대한 포괄적 계획을 명확히 밝혀야 한다. 그러기 위해서는 역사를 깊이 인식하고 더 나은 사회의 개념을 확실히 파악해야 한다. 국제사회의 협조가 필수적이지만 우리 자신이 반드시 앞장서야 한다. 남·북한 양측 모두의 이익에 반하는 경솔하고 단기적이며 단편적인 통합을 우리는 결코 용납해선 안 된다. 통일을 위해 힘을 모으는 것은 추상적인 개념이 돼선 안 된다. 우리 사회와 문화의 광범위한 통합을 지향하는 구체적인 개념이 반드시 필요하다.

남·북한의 이산가족 상봉만이 아니라 경제 발전에서 소외됐다고 느끼는 계층을 끌어안는 노력도 필요하다. 수렴과 통일, 통합의 약속이 모든 계층과 모든 단계에서 명확히 제시돼야 한다.

마지막으로 통일을 계획하면서 한반도에서 유엔의 역할을 생각할 필요가 있다. 유엔은 지금까지 상호교류를 통해 북한과의 관계 개선을 추진하는 과정에서 핵심적인 역할을 했다. 한국전쟁이 발발했을 때도 유엔 주도로 미국을 비롯한 연합군의 개입이 이뤄졌다. 이후로도 유엔은 한반도의 고통스러운 분단에 적극 대응한 핵심적 국제기관이었다.

그러나 세계평화와 국제협력 증진을 목표로 한 유엔의 비전과 한국의 관계는 그보다 훨씬 전으로 거슬러 올라간다. 일반적으로 유엔과 한국의 관계는 한국전쟁에서 시작된 것으로 생각하지만, 한국의 독립운동은 19세기 말에 시작된 세계평화와 국제중재 노력과 처음부터 연결됐다. 그런 노력은 궁극적으로 유엔을 태동시킨 헤이그 만국평화회의(萬國平和會議)로 정점을 이뤘다.

한국의 독립 투쟁은 고종 황제가 1907년 네덜란드 헤이그에서 열린 제2차 만국평화회의에 비밀 특사단을 파견하면서 본격적으로 시작됐다. 고종은 전쟁과 이익 추구를 지양하는 새로운 세계질서를 구축하려는 이런 국제적 노력을 일본의 침략에 맞서기 위해 한국에 반드시 필요한 우군이라고 판단했다.

사려 깊은 미국인 학자 호머 헐버트와 이준 열사가 이끈 고종의 특사단은 헤이그에 도착해 관심 있는 모든 사람을 논리적으로 설득했다. 평화 공존에 오랫동안 헌신해 온 나라로서 일제의 침략을 받고 있는 한국의 독립은 세계적인 평화운동의 필수적인 부분이라는 논리였다.

1919년 한국의 독립운동도 평화와 협력의 새로운 세계질서를 강력히 지지했지만 민족주의적으로 단순히 일본을 비난하기는 거부했다. 1919년 3월 1일 선포된 독립선언문은 이렇게 명백히 밝힌다.

> 1876년 강화도에서 수호조약을 맺은 뒤로 여러 차례에 걸쳐 맺은 갖가지의 굳은 약속을 지키지 아니하였다고 하여 일본의 신의 없음을 벌하려고는 아니한다. 8

아울러 한국의 독립선언문은 독립 요구가 외국인 혐오나 고립주의와는 아무런 상관이 없다고 명백히 밝힌다.

---

8 Ch'oe, Y. H., Lee, P. H., & de Bary, Wm. T. (Eds) (2000). *Sources of Korean Tradition*. New York: Columbia University Press. Vol. 2, p. 337.

오늘 우리의 이 거사는 정의, 인도, 생존, 번영을 위한 민족 전체의 요구이니, 오직 자유의 정신을 나타낼 것이며, 남을 배척하는 감정으로 그릇되게 달려 나가지 말라.

헤이그 만국평화회의에서 한국 특사단의 언급과 독립운동에서 한국인들의 발언은 전 세계의 평화운동가들을 고무시켰다. 한국은 세계평화의 선구자로서 세계평화사에서 길이 빛날 자격을 갖췄다. 우리는 그 시대가 남긴 긍정적인 역사를 받아들이고 이를 통해 새로운 정체성을 찾기 위해 몸부림치는 현재의 유엔에 활력을 불어넣어야 한다.

한국인은 국가 간 분쟁이나 경쟁을 뛰어넘는 세계적 평화 시스템이라는 비전을 일찌감치 수용했다. 한국은 헤이그 만국평화회의, 국제연맹, 그리고 나중엔 유엔의 바탕이 된 세계평화운동을 적극 지지했다. 따라서 앞으로 유엔이 미래의 역할을 재규정할 때 한국이 핵심적인 역할을 맡는 것이 사리에 맞다.

인도의 시인 라빈드라나트 타고르는 1929년 한국에 대해 이런 시를 썼다.

일찍이 아시아의 황금시기에
빛나던 등불의 하나였던 코리아
그 등불 다시 한 번 켜지는 날에
너는 동방의 밝은 빛이 되리라.

그의 시는 한국의 독립운동을 이끈 원동력의 일부가 세계평화였다는 점을 암시한다. 타고르는 아시아 문화를 변화시킬 수 있는 잠재력이 덧없는 현대성이 아니라 오랜 과거에 뿌리를 두고 있다는 점을 꿰뚫어 봤다. 그는 아시아의 문화가 식민주의 깃발 아래 세계를 유린한 물질주의적인 서구 문화를 초월하는 새로운 르네상스로 이어진다고 생각한다. 타고르의 눈에 한국은 아시아의 문화와 평화를 추구하는 운동에 희망을 제시했다.

만약 우리가 세계평화와 도덕적 글로벌 거버넌스에 대한 한국의 오랜 노력에서 발견되는 다양한 조각을 미래를 향한 하나의 강력한 메시지로 바꿀 수 있다면, 미래 세대에게 도덕적 에너지를 제공해 조화롭고 협력적인 글로벌 사회를 만들 수 있게 해줄 것이다.

우리는 궁극적으로 유엔을 태동시킨 세계평화운동에 대한 한국의 믿음과 헌신을 되살려야 한다. 또 유엔 헌장의 핵심 가치를 수용하고 지난 60여 년 동안 유엔이 한반도에서 맡은 긍정적인 역할을 상기시킬 필요가 있다.

한반도 통일이 어떻게 현 시대의 도전을 극복하고 후손들의 더 나은 미래를 건설하는 세계적 노력의 일부가 될 수 있을지에 관한 논의는 유엔의 미래에 관한 논의를 시작할 좋은 계기가 된다. 우리는 한국의 사례부터 시작해 유엔의 역할을 규정하고 확장할 수 있다. 한국은 유엔을 깊이 신뢰하며 반기문 사무총장 아래 직접적인 거버넌스 경험도 했다.

우리는 한 세기 전 한국의 독립운동이 보여 준 공정과 정의의 정신을 되살려 새로운 통일운동의 추진력으로 사용할 수 있지 않을까? 그 운동은 한국 또는 한국인만을 위한 것이 아니라 유엔 헌장의 바탕이 된 이상주의와 비전을 되살리는 포괄적인 프로젝트의 일부가 돼야 마땅하다. 현재 도널드 트럼프 미국 정부가 유엔의 제도적인 기반 중 다수를 무너뜨리고 WTO부터 브레턴우즈 시스템까지 국제 거버넌스 기구에 대한 미국의 약속을 해지하려는 상황에서 그런 조치는 매우 중요한 의미를 가질 수 있다.

흥미롭게도 유엔은 미국과 유럽, 아프리카에 주요 기구를 갖고 있지만 동아시아에서는 일본 도쿄의 '유엔대학'만이 유엔의 깃발 아래 있을 뿐이다. 하지만 지금 동아시아는 새로운 글로벌 경제의 심장부이며 갈수록 지적·문화적 중심지가 되고 있다. 어쩌면 유엔은 케냐 나이로비의 유엔환경계획(UNEP)이나 스위스 제네바의 유엔사무국과 같은 규모의 새로운 글로벌 기구를 한국에 설립할 수 있을지 모른다. 우리가 떠맡을 역사적인 거버넌스 실험의 일부로서 말이다.

제 4 장

북한 끌어안기

지금까지 우리는 국제관계와 거버넌스의 복잡한 문제에 관해 사려 깊고 건설적인 대화를 시작하기 위한 다양한 접근법을 살펴봤다. 이제 구체적인 사안에 초점을 맞춰 전향적으로 나아가는 데 필요한 것이 무엇인지 살펴보자.

나는 동아시아에 안정되고 평화로운 환경을 조성하는 데 북한이 열쇠라고 생각한다. 북한에서 일어나는 건설적인 변화는 이 지역 전체에 긍정적 영향을 미칠 것이다. 반면 북한을 포용하거나 지역 공동체에 편입시키는 데 실패한다면 그건 현대사의 최대 실수로 기록될 것이다. 우리로서는 절대 포기할 수 없는 도전인 것이다.

얼핏 보면 상황은 무척 암울하다. 금강산 관광은 중단된 지 오래고, 개성공단도 폐쇄됐다. NGO 교류도 중단됐고, 인도주의적 구호활동도 일부만 이뤄질 뿐이다. 더구나 북한은 핵확산금지조약(NPT)을 탈퇴했을 뿐 아니라 핵무기를 다수 개발했고, 지금은 탄도미사일 기술에 전력투구하고 있다. 북한의 군사력은 크게 강화됐고 남·북 간의 모든 군사적 대화는 중단됐다.

　실제로 남·북한 사이에는 전혀 대화가 없다. 미국의 트럼프 정부는 최근 북한의 탄도미사일 시험발사 후 북한을 향해 더욱 적대적인 접근법을 취하고 있다. 북한에 도움을 주거나 심지어 문화 분야에서 교류하려는 사람들도 대부분 좌절하고 포기하는 실정이다. 더구나 한국과 일본은 갈수록 북한을 주된 위협으로 규정하고 북한의 군사력 증강을 구실로 국방예산을 늘려 간다. 그 결과 북한 포용을 지지하는 사람들 중 다수도 비관적으로 돌아섰다.

　2014년 10월 북한의 고위급 관리들이 즉흥적으로 인천 아시안게임 폐막식에 참석하기 위해 남한을 방문한 뒤 남·북 관계의 돌파구가 열릴 것이라는 기대가 한껏 부풀었다. 그러나 기대와 달리 곧바로 긴장이 다시 고조됐다. 대북 경제제재가 더욱 강화되면서 교류는 사실상 불가능해졌다.

　미군, 일본군, 한국군은 북한을 최고 수준의 위협으로 간주한다. 일부는 북한을 테러지원국으로 재지정하기를 원한다. 북한의 고립 심화와 적대감 고조의 끝이 보이지 않는 실정이다.

　그러나 나는 악순환을 선순환(善循環)으로 대체함으로써 점진적인 전진을 시작하는 데 아직도 늦지 않았다고 확고히 믿는다. 자그마한 희망이라도 남아 있다면 그것이 인식을 바꿔 현 상황을 긍정적으로 볼 수 있게 만들 것이다. 최근 대북제재가 크게 강화됐지만 우리는 아무런 결과를 얻지 못하고 있다. 여러 방문자의 증언에 따르면 북한 경제는 오히려 나아지고 있는 듯하다. 우리는 현재의 대북정책을 뛰어넘어야 한다. 지난 10년 동안 실패한 정책을 더 강화해선 안 된다.

지난 20년 동안 우리는 6자회담, 남·북 이산가족 상봉, NGO의 인도주의 활동, 비정기적인 문화교류 등 여러 제한된 프로그램을 통해 남·북 관계를 개선하려고 노력했다. 그러나 아무런 성과가 없었다. 지금은 글로벌 경제에서 가장 급성장하는 지역의 한가운데 '은둔의 왕국' 북한이 버티고 있음으로써 기술 발전과 광범위한 세계화의 시대에 동아시아 지역이 완전히 발목 잡힌 상태다.

북한을 국제사회에 편입시키고 바람직한 방향으로 나아갈 수 있도록 근본적인 변화를 유도하는 것은 바로 우리의 의무다. 상황이 너무 위태롭고 긴장이 너무 높기 때문에 반드시 그렇게 해야 한다. 북한의 호전적인 군사정책과 갈수록 심해지는 정치적 탄압은 북한을 고립시킬 게 아니라 포용할 필요가 있다는 점을 시사한다.

나는 북한도 국제사회의 일원이 될 수 있다고 믿고 북한의 대외 이미지에 신경 쓰는 북한 사람이 분명히 있다고 생각한다. 그들은 앞으로 군사력에 과중하게 의존할 필요가 없다는 약속을 담은 우리의 제안에 긍정적으로 반응할 수 있다.

그러나 우리는 과거 포용정책의 실수를 되풀이해선 안 된다. 새로운 포용정책은 그 정책을 성공시키는 데 필요한 헌신적 노력과 장기적인 비전이 필요하다. 그런 정책과 전진의 필요성에 대한 한국과 국제사회의 진지한 공감대도 필요하다. 전진한다는 것은 눈앞의 정치적 고려에 매달려 거꾸로 되돌아가는 것을 거부한다는 의미다. 그런 환경은 미래의 대화에 참여할 사람들이 새로운 미래를 건설하기 위한 정치적인 합의를 바탕으로 그 문제에 접근할 때만 마련될 수 있다. 관련자들이 더 좋은 보수를 받도록 해주는 임시적인 전시행사가 아니라 진지하고 역사적인 의미를 가진 중대한 일로서 접근해야 한다는 뜻이다.

이 과정에서 무엇보다 필요한 것은 평화롭고 안정된 동북아시아를 보장할 수 있는 미국과 중국 사이의 '그랜드 바겐'이다. 앞에서 살펴봤듯이 중국이 진정한 글로벌 강대국으로 부상하고 있고 미국이 아시아 재균형 정책의 본질을 규정하려고 노력하는 중이기 때문에 그랜드 바겐이 가능한 관계를 구축할 기회가 분명히 있다.

남·북 관계의 위기에 영향을 미치는 것은 미국과 중국 사이의 긴장에도 영향을 준다. 이 문제는 너무도 중요해 어느 누구도 간과할 수 없기 때문에 우리는 실질적인 돌파구를 열어젖힐 기회를 잡을 수 있다.

구체적이고 즉각적인 결과를 가져다줄 수 있는 중요한 문제에서 미국과 중국 사이의 집중적인 대화가 필요한 것은 두말할 필요도 없다. 하지만 동시에 기후변화와 사이버 공간, 공공서비스, 과학 등 보다 폭넓고 장기적이며 추상적인 분야에서도 양국 사이의 진지한 논의가 필요하다. 앞으로 분명히 그런 분야의 교류가 더 많아질 것이다.

양국 사이의 논의는 한반도의 미래도 포함할 수 있다. 미국과 중국 사이의 그 같은 광범한 교류를 통해 한반도의 통합을 위한 정지작업이 이뤄질 수 있다. 미・중 교류와 협력은 한반도 평화와 통일의 필수적인 외적 조건이다. 그런 교류는 무역과 금융만이 아니라 NGO와 학교, 여성단체, 스포츠팀 등 사회 각 부문으로 널리 확대돼야 한다.

북한의 현 상태

북한의 현 상태는 적절한 역사적 맥락에서 고찰돼야 한다. 1990년대 초 소련 붕괴 후 소련 체제에 의존했던 북한은 극심한 경제난을 겪었다. 그에 따라 경제의 기본 요소가 기능장애를 일으키면서 북한 주민의 삶은 피폐해졌다. 공산권과의 무역이 붕괴했고 사회주의에 기초한 국내 생산 시스템이 서서히 멈춰 섰다.

예전 공산권의 무역·경제·기술 지원 시스템은 북한이 내부의 사회적·정치적 관심사에 집중할 수 있도록 해줬다. 대부분의 경우 북한의 내부 경제는 경쟁이 치열한 국제무역으로부터 보호받았다. 그러다가 갑자기 거대한 공산권 경제블록이 해체되자 북한은 고립됐고, 경제 시스템이 외부 세계와 호환되지 않았다.

예를 들어 공산권의 가격 시스템은 국제시장의 가격 시스템과 크게 달랐다. 그전까지 북한은 외국에서 수입하는 에너지와 원자재 가격에서 상당한 혜택을 누렸다. 그 대부분을 소련이 국제시장보다 훨씬 낮은 가격에 공급해 줬기 때문이다. 소련의 모든 위성국가에서도 사정은 비슷했다.

그러나 1980년대 말 그 시스템이 붕괴하자 북한의 생필품 가격이 급등했다. 북한이 시장의 힘에 처음 노출된 것이다. 북한이 전혀 대비하지 않았던 상황이다. 그러나 북한은 옛 소련권 국가들과 달리 경제 시스템의 국제화를 완강히 거부했다.

북한은 군을 유지하기 위한 무기와 훈련 프로그램을 소련에 의존했다. 뿐만 아니라 북한은 모든 것을 소련에 의존했기 때문에 소련 시스템이 무너지면서 북한을 지탱했고 북한 주민에게 체제의 정당성을 설득시켜 온 경제적, 사회적, 이념적 구조가 모두 붕괴했다. 북한군에 대한 소련의 지원이 사라지자 북한의 엘리트들은 스스로의 힘으로 국가를 지켜야 하는 절박한 상황에 처했다. 그들은 더 이상 무기를 쉽게 손에 넣을 수 없었다.

그런 면에서 북한이 직면한 위기는 그와 유사한 상황이 초래한 남한의 초기 반응과 비슷했다. 미국의 주한미군 철수 압력이 그것이다. 이 위기는 리처드 닉슨 정부 말기에 시작됐다. 스피로 애그뉴 부통령이 서울을 방문한 자리에서 주한미군의 철수를 시사한 것이 시작이었다. 주한미군 철수 가능성을 둘러싼 우려는 지미 카터 대통령 시절 최고조에 이르렀다. 카터는 주한미군의 전면 철수를 노골적으로 거론했다. 그에 따른 한국의 불안감은 극도에 달했다. 당시 박정희 대통령은 한국이 자위권을 확보하려면 핵무장이 필요하다고 느꼈다. 북한 지도자 김일성도 똑같은 생각을 했을 가능성이 크다.

북한 경제는 처음부터 일정한 바탕 위에 세워졌다. 북한으로선 석탄을 비롯한 다양한 광물과 천연자원이 풍부하다는 사실이 행운이었다. 북한은 또한 일본 식민지 시절 건설된 탄탄한 인프라와 산업을 그대로 물려받았다. 따라서 남한이 1953년 한국전쟁이 끝난 직후 아무것도 없는 상태에서 다시 시작해야 했던 반면, 북한은 천연자원과 견실한 인프라, 소련이 제공하는 저렴한 수입품으로 어느 정도 자립 경제를 꾸려 나갈 수 있었고, 심지어 1970년대 초반까지는 경제력이 남한을 능가했다.

이러한 북한 경제에 소련의 붕괴는 큰 타격이었다. 북한 정권이 전혀 대비하지 못한 위기였다. 북한은 처음으로 국제시장의 가격 시스템에 따라 공개시장을 통해 상품을 수입해야 했다. 무역은 이념이 같은 파트너 국가들의 손을 떠나 경쟁이 치열한 글로벌 시스템에 따라 이뤄졌다.

그런 경제 충격을 극복하려고 고심하던 와중에도 북한은 여전히 군사력에 초점을 맞춘 선군(先軍) 정책을 유지하면서 소련의 위성 국들과 달리 개혁과 개방을 거부했다. 그러면서 북한은 황급히 핵무기 개발에 나섰다. 여력이 없는 상황에서도 그들은 많은 예산을 핵개발에 쏟아부었다.

1994년 김일성 사망 후 북한의 상황은 더욱 악화됐다. 4년 연속 흉년이 이어졌다. 후진적 농업 정책에 따른 표토의 손실과 극심한 가뭄이 원인이었다. 그런데도 북한은 경제를 현대화하지 못했고, 농업 부문의 비능률을 해결할 수도 없었다. 전면적인 관리 부실과 경제의 구조적 문제를 감당할 수 없는 무능의 극치였다. 그로 인한 기근과 식량난으로 수십만 명이 굶어 죽었다.

그 결과 북한은 사기가 떨어졌고 주민 대다수가 고통받으면서 경제적·산업적 문제를 극복하려던 다른 노력마저 무위로 돌아갔다.

1994년 사망 직전 남한과의 직접 대화와 남·북 정상회담을 중재하겠다는 카터 전 대통령의 제안을 받아들인 김일성은 북한이 군비(軍備)에 그처럼 많은 예산을 계속 쏟아부을 수 없게 될 것이라고 걱정했는지 모른다. 당시엔 남·북 화해가 어느 정도 가능한 듯했다. 의미 있는 후속조치가 따랐다면 남·북 관계의 개선으로 그 직후 북한이 겪은 엄청난 경제난을 완화할 수 있었을지 모른다.

김일성 사후 그 뒤를 이은 아들 김정일은 더할 수 없이 열악한 상황에서 '은둔의 왕국'을 물려받았다. 소련의 붕괴로 거대한 대외 무역 네트워크가 사라졌고, 내부 경제와 군부의 부패, 핵 프로그램으로 국가경제가 파산 지경에 몰렸으며, 흉년이 지속되면서 수많은 주민이 곤경에 처했다. 평상시라도 이런 도전에 대응하기가 무척 어려웠겠지만 김정일은 정치권력을 강화하고 아버지의 권위를 방패 삼아 자신을 정당한 통치자로 내세우는 데 몰두했다. 그러다 보니 복잡한 시스템 문제를 다룰 시간이 없었다.

북한으로선 핵무기가 외세의 공격을 막아 내는 무기만이 아니다. 그들에게 핵무기는 자주·자조·자립의 상징이다. 핵무기가 있으면 다른 부문에선 그럴 수 없지만 군사 부문에서는 강대국과 동격으로 맞설 수 있다는 것을 보여 준다. 핵무기는 주체사상이라는 국가 이념에 바탕을 둔 북한 세습정권의 정당성을 지탱해 주는 정치적 가치가 매우 크다. 따라서 북한은 핵무기를 쉽게 포기하지 않을 것이다.

핵무기 개발 프로그램의 비용과 리스크, 국제사회로부터의 고립은 북한에 실제적인 타격을 주지만 북한의 정책 전문가들의 논리에 따르면 핵무기는 현재의 경제상황 아래서 자위권을 행사할 수 있는 가장 값싼 수단이다. 그들은 북한 주민이 받는 고통에는 신경 쓰지 않는다.

김정일 사후 김씨 왕조의 젊은 3세대 지도자인 김정은은 이처럼 복잡한 정치적·경제적 상황을 물려받았다. 그는 핵무기 증강을 원하는 군부를 무시할 수 없다. 군부로선 국제 제재가 국방예산을 줄이는 게 아니라 늘려야 하는 이유다. 동시에 김정은은 북한 주민의 생활수준을 개선하기 위한 구체적인 조치도 취해야 한다. 따라서 제한적인 의미에서나마 혁신과 경제 현대화를 추진할 인센티브가 있다.

이 모든 일은 김정은이 권좌를 지키기 위해서는 피할 수 없는 복잡한 정치 게임을 배경으로 벌어지고 있다. 그에겐 무엇보다 정적을 숙청하고 자신의 업적을 선전하는 것이 중요하다.

요점은, 만약 그가 남한을 포함해 서방과의 관계를 개선할 방도를 찾지 못한다면 주민의 경제적 처지를 개선할 자원과 시간을 확보할 수 없다는 것이다. 북한이 직면한 도전은 엄청나다. 따라서 북한 내부의 정치적 도전으로 김정은이 자신의 정통성을 지키기 위해 미국이나 남한과의 관계에서 돌파구를 찾는 상황도 배제할 수 없다.

6자회담의 잠재력

6자회담은 처음엔 북한 핵 프로그램에 대한 진지한 논의의 장이었다. 가능성 있는 해결책과 아이디어가 활발하게 검토되고 교환됐다. 북한·미국·중국·일본·러시아·한국 대표가 참가하는 6자회담은 2003년 북한이 NPT를 탈퇴한 후 그에 대한 해결책을 찾으려는 시도로 시작됐다. 이 회담은 2003년부터 4년 동안 진행되면서 2007년 북한이 에너지 지원과 미국·일본과의 관계 정상화를 위한 조치를 조건으로 핵시설을 잠정 폐쇄하기로 합의하면서 중대한 돌파구를 열기 직전까지 갔다.

그러나 2009년 4월 5일 북한은 돌연 인공위성(광명성 2호)이라고 주장하는 로켓을 발사했다. 유엔 안보리는 곧 그 행위를 결의 위반으로 규정하고 대북제재를 실행에 옮기기 위한 조치에 착수하기로 결정했다. 그에 맞서 북한은 국제 핵사찰단을 추방하고 핵농축 프로그램을 재가동했다. 그 후 지금까지 북한은 핵무기를 5차례 실험했고 미사일 발사 기술을 크게 발전시켰다.

이런 추세로 미뤄 볼 때 북한이 머지않은 장래에 핵무기를 효과적으로 사용할 수 있을 정도의 기술을 개발할 능력이 있다는 것은 분명한 사실이다. 실제로 그런 일이 일어난다면 이 지역은 치열한 군비경쟁으로 크게 불안정해질 것이다.

우리는 이런 안보 위협에 대처할 수 있는 지역 포럼을 다시 만들어야 한다. 북핵 문제에 균형 잡히고 효과적이며 실행 가능한 해결책을 개발하고 실천 방법을 창의적으로 논의할 수 있는 장치가 시급하기 때문이다. 북한과 대화가 없다는 사실은 북한만이 아니라 우리에게도 큰 어려움을 준다. 6자회담 같은 포럼을 다시 운용하기 위해 우리가 취할 수 있는 구체적인 방안이 분명히 있다. 이 지역에서 고조되는 긴장을 고려하면 우리에게 더 머뭇거릴 시간은 없다.

그러나 그보다 먼저 우리가 6자회담 당사국의 관점을 정확하게 파악하는 것이 중요하다. 6자회담 당사국은 역사적 이해와 목표, 요구가 각각 다르다. 불행하게도 그런 차이는 종종 오해로 이어졌다. 그러나 우리가 약간만 더 신중하게 생각한다면 서로 다른 관점을 상호보완적이 될 수 있도록 변증법적으로 활용함으로써 좀더 포괄적이고 미래 지향적인 해결책을 도출할 수 있다.

지금 우리가 이전의 6자회담으로 돌아갈 수는 없다. 그러나 그 과정의 성과와 실패에서 얻은 교훈을 바탕으로 새로운 접근법을 모색하기 위한 근거를 마련할 수는 있다.

동아시아에 대한 중국의 관점

먼저 중국이 무엇을 원하고 무엇을 우려하는지 살펴보자. 시진핑 국가주석을 필두로 하는 현재의 중국 공산당 제5세대 지도부는 1930~1940년대 만주와 한국을 지배한 일본에 저항하고, 중국의 국민당에 맞서 사회주의 투쟁에 참여한 윗세대와 달리 북한 지도부와 동지의식을 공유하지 않는다. 한국전쟁 동안 북한과 중국의 지도부가 함께 겪은 어려움을 바탕으로 생겨난 끈끈한 유대감은 그들의 직접적인 경험과는 거리가 멀다.

무엇보다 중국에서 혁명과 투쟁의 시대는 급변하는 환경에서 국가 이익을 지키는 좀더 전통적인 전략으로 대체됐다. 중국 공산당의 중심 사상에는 여전히 사회주의가 근간을 이루지만, 갈수록 외교에서 중요한 요인으로 부상하는 무역 관계에선 이념적 성향보다 파트너가 훨씬 중요하다.

중국이 과거 북한과 공유했던 이념적 기반은 이제 까마득히 잊었다. 북한과 중국이 뭔가에 합의할 수 있다면 그건 마르크스주의 원칙보다는 현실주의 전략에서 필요하기 때문이다.

과거 중국과 북한의 지도부는 유대감 강한 동지의식에 뿌리를 둔 신뢰 덕분에 말 한마디 없이도 서로 통했을 정도로 확고한 유대감을 자랑했다. 무슨 일이든 공통점을 찾기도 쉬웠다. 그러나 그런 지도자들이 이제 무대에서 사라졌다. 북한과 중국을 처음 일으킨 지도부의 다음 세대도 세상을 떠나거나 은퇴했다.

더구나 중국의 눈부신 경제성장과 글로벌 무역확대 정책이 국제 무대에서 그들의 입지를 바꿔 놓았다. 지금의 중국은 과거처럼 제국주의와 자본주의에 맞서 사회주의 진영이나 비동맹 운동의 리더가 되는 데는 전혀 관심이 없다. 중국은 떠오르는 경제대국을 자임하며 현대의 글로벌 금융·제조 네트워크를 중시한다.

중국은 미국과의 'G2' 관계가 진정한 동격의 지위에 기초해야 한다고 확고히 믿는다. 미국과 중국은 과학과 기술의 발전이나 외교적 영향력을 두고 세계 전역에서 치열한 경쟁을 벌이고 있지만 옛 소련 시대와 달리 무역과 금융에서 서로 긴밀히 얽혀 있다.

중국은 마오이스트 혁명 비전에 따라 글로벌 시스템을 전복시킬 생각은 전혀 없다. 오히려 중국은 글로벌 거버넌스에서 갈수록 중심 역할을 떠맡는다. 예를 들어 많은 중국인이 세계은행과 IMF에서 일한다. 지금 우리는 중국이 세계적인 책임을 떠맡는 시대의 도래를 목격하고 있다.

2014년 중국의 아시아인프라투자은행(AIIB) 설립을 미국과 일본이 반대했지만 그 반대는 이념이 아니라 지정학적인 문제에서 비롯됐다. 더구나 서방국 대다수는 이념에 대한 일말의 우려도 없이 아주 좋은 사업 기회로 생각하고 AIIB에 흔쾌히 투자했다.

지금 중국은 스스로 자본주의 서방에 맞선 북한의 동지라기보다 아시아와 세계의 리더라고 생각한다. 자신의 이념을 보호할 필요성은 전혀 느끼지 않는다. 오히려 중국은 정치적 갈등에서 벗어나 상황의 필요에 따라 미국과 일본, 터키와 이란, 이스라엘과 페르시아만 국가들과 협력하고 싶어 한다. 중국이 대북 경제제재에 거부 반응을 보이지 않고 폭넓은 논의를 지지하는 것도 그 때문이다.

　북한을 지원해야 할지 말아야 할지를 둘러싸고 중국 내부에서 솔직한 토론이 갈수록 자주 벌어진다. 그런 상황에서 중국은 북한의 대안적 미래를 더욱 흔쾌히 논의할 의사를 내비치고, 심지어 한국·미국과 그 문제를 상의할 용의도 있음을 시사한다.

　그처럼 중국은 더 이상 이념 문제에 관심이 없으며 아주 좁은 의미의 안보에 치중한다. 미국이나 한국이 안보를 정의하는 것과 크게 다르지 않다. 한마디로 중국에게 6자회담은 자국의 이익을 챙기고 세계의 주요 국가들과 함께 리더십 역할을 맡을 수 있는 수단이었다.

일본인 납치 문제에 집착하는 일본

일본의 북한 문제 접근법은 혼란스럽고 모순되는 양상을 보였다. 근년 들어 일본 정부는 다른 문제를 제쳐 두고 한 가지 이슈에서 아주 강경한 입장을 취했다. 1970~1980년대 북한의 일본인 납북과 그들의 행방 또는 생사 여부였다. 그 기간에 김일성의 지시로 북한 간첩들은 일본인 20~100명을 납치했다. 그 문제는 믿을 만한 해명이 나오지 않으면서 일본의 국민정서에 큰 트라우마가 됐다.

그와 대조적으로 한국은 오랜 세월에 걸쳐 납북된 사람이 더 많았지만 북한과의 대화에서 그 문제를 전면에 내세우지 않았다. 한국은 대화 자체에 초점을 뒀다(근년 들어 그런 대화 채널마저 차단됐다). 한국은 그처럼 해결 불가능한 문제에 집착하려 하지 않았다. 다른 중요한 문제에서 주의를 빼앗길 수 있기 때문이었다.

2000년대 초 고이즈미 준이치로 일본 총리는 평양을 두 차례 방문했다. 일본인 납북 문제를 종결짓고 북·일 관계 정상화를 위한 진지한 협상을 시작하기 위해서였다. 그러나 그런 노력으로 고이즈미 자신과 김정일 양쪽 모두가 역풍을 맞았다. 김정일은 전례 없이 일본인 납치 문제에 관해 공개 사과에 나섰지만 일본의 여론을 달래지 못하고 반감만 증폭시켰다. 치열한 협상 후 북한은 겨우 납북 일본인 희생자 13명만 인정했으며, 그중 8명의 죽음에 대한 북한의 설명은 전혀 신빙성이 없었다. 그 후 일본은 북한의 핵실험과 관련해 유엔 안보리 결의가 요구하는 것 이상의 제재를 북한에 가했다. 심지어 양자 간의 무역까지 전면 금지했다. 또 일본은 북한의 위협을 이유로 국방 지출을 크게 늘렸다.

최근 들어 일본이 북한의 안보 위협을 대대적으로 경고하는 가운데서도 보수강경파인 아베 신조 총리는 일본인 납치 문제로 돌아가 어떤 식으로든 그 문제를 매듭지으려고 애쓴다. 북한은 일본과의 비밀회담 후 이 분야의 조사를 재개하기로 합의했다. 그로써 일본은 일부 대북제재를 완화했다. 아베는 그처럼 대담하고 일방적인 조치를 취하면서도 동맹국인 한국이나 미국의 동의를 구하지 않았다. 6자회담과는 완전히 별개로 행동한 것이다.

아베는 오랫동안 일본인 납북 문제의 해결을 주장했고, 그가 총리에 오를 수 있었던 것도 부분적으로는 그와 관련한 언론의 대대적인 보도가 도움이 됐다. 따라서 일본에선 북한이 국내정치 이슈 중 하나다. 그뿐이 아니라 일본에는 북한 국적자들의 단체인 재일조선인총연합회(조총련)가 있다. 그들도 다양한 활동을 통해 북한을 일본의 국내정치 이슈로 몰아간다.

아베는 북한의 일본인 납치 문제(그리고 쿠릴 열도를 둘러싼 러시아와의 영유권 분쟁까지)를 해결할 수 있다면 그것이 자신의 자랑스러운 유산이 되며 장기집권을 가능케 해줄 것으로 기대한다. 따라서 북한 문제는 결국 아베가 일본인 납북 문제에서 국내정치의 지지기반을 의식해 취하는 강경노선과 연결돼 있다.

물론 그 문제에서 돌파구가 생기는 것은 환영할 만한 일이다. 일본인 납북 문제에 관해 양측이 어느 정도 합의에 도달할 수 있다면 일본 국내와 동북아 전체의 정치에서 중요한 변화가 생길 수 있다. 그러나 역으로 고이즈미의 경우처럼 일본인 납북 문제는 정치적인 지뢰밭이며 리스크가 큰 도박이기도 하다.

최근 북한은 일본인 납북 문제의 조사 재개 합의에서 이전의 지연 전술로 돌아간 듯하다. 아베는 2015년 9월 "납치 피해자 가족들이 자신의 손으로 자녀들을 얼싸안는 날이 올 때까지 나의 임무는 끝나지 않을 것"이라고 천명했다. 9

더 최근인 2016년 9~11월 일본 관리들은 북한 노동당 국제부 인사들과 몇 차례 비공식 접촉을 가졌다. 남·북한 사이의 모든 대화가 단절된 상태에서도 일본과 북한 사이의 그런 논의는 계속되고 있다. 10

이 모든 상황은 일본이 북한 문제를 대하는 자세가 한국이나 미국과 아주 다르다는 것을 보여 준다. 한국은 통일에 초점을 맞춘다. 미국은 더 넓은 지정학과 안보의 측면에서 북한을 파악한다. 한국은 일본이 자국민 납북 문제에 너무 집착한다고 느낀다. 일본인 납북 문제는 개인적으로는 이루 말할 수 없는 비극이지만 지정학적인

9 http://www.japantimes.co.jp/news/2015/09/14/national/pressure-grows-abe-seeks-resolve-north-korean-abduction-issue/#.WHjysFWLQkk

10 https://sputniknews.com/asia/201612211048812701-japan-north-korea-secret-meetings/

측면에선 부차적인 이슈일 뿐이라는 것이 한국의 입장이다.

　일본은 최근 인지되는 북한의 위협에 맞서 국방예산을 크게 늘렸다. 〈닛케이신문〉은 2017년 1월부터 북한의 탄도미사일 공격에 대비하기 위해 주민 대피훈련을 시작할 계획이라고 전했다. 11

---

11 http://www.dailysabah.com/asia/2017/01/04/japan-prepares-its-popula-tion-against-north-korean-missile-threat

러시아

블라디미르 푸틴 대통령은 러시아의 아시아 정책을 매우 중시한다. 그는 처음부터 야심만만한 정치인이었으며, 지정학에서 러시아의 중심 역할을 되찾는 데 총력을 기울인다. 푸틴은 중앙아시아와 중동을 비롯해 세계 각지에서 러시아의 영향력을 강화할 새로운 기회를 찾고 있다. 그는 동아시아 경제가 역동적이며, 기술·금융·안보 분야에서 이 지역의 중요성이 갈수록 커진다는 사실을 잘 안다. 한편 한국과 일본 기업들은 천연자원을 이용하기 위해 러시아 극동 지역의 투자 기회를 찾는다.

푸틴은 장기적으로 동북아에서 러시아가 주요 이해당사국으로 남는 것이 중요하다고 판단한다. 러시아가 2012년 아시아태평양경제협력체(APEC) 의장국으로서 블라디보스토크에서 정상회의를 개최한 것이 푸틴의 야심을 잘 드러냈다. 그는 APEC 정상회의 개최에 수십억 달러를 지출했으며, 관련 인프라 건설에 막대한 자원을 투입했다.

무엇보다 푸틴은 에너지 부문에 초점을 맞췄다. 그는 석유와 천연가스를 중국과 일본, 한국 같은 번창하는 경제에 수출하는 것이 러시아의 발전에 필수적이라고 믿는다.

러시아는 극동의 사할린과 일본 홋카이도를 잇는 천연가스 파이

프라인 건설 계획을 일본과 적극 논의 중이다. **12** 2016년 12월 개최된 아베-푸틴 정상회담의 의제에는 러시아 천연자원의 공동개발을 위한 다양한 제안이 포함됐다.

중국도 자원외교를 열정적으로 추진하고 있다. 러시아와 중국의 고위급 협상에 따라 석유·가스전(田) 개발을 위한 '사할린3 사업'과 '동시베리아-태평양 파이프라인' 같은 다양한 공동 프로젝트가 마련됐다. **13** 이처럼 에너지 시장이 양국을 더욱 가까이 밀착시키고 있다.

과거 6자회담을 비롯해 북한과 관련된 외교활동에서 러시아는 중요한 이해당사국으로 참여했지만 중심 주자는 아니었다. 그러나 지금은 다르다. 푸틴이 세계 외교 무대에서 아주 중요한 역할을 하면서 러시아는 이전보다 훨씬 더 중심적인 역할을 할 수 있으며, 중국·일본·한국과 더 긴밀한 사업관계를 유지한다. 푸틴은 그런 노력을 통해 러시아와 동북아의 관계를 장기적으로 강화할 수 있다고 본다.

6자회담의 나머지 당사국과 달리 러시아는 한반도의 분단과 정서적으로 관련이 없다. 또 한반도 문제가 러시아의 국내정치 이슈도 아니다. 따라서 러시아는 북한 문제에서 상당히 많은 융통성을 가지며, 그와 관련한 해결책 모색을 중대한 안보 위협의 대응 차원에

---

12 http://russianconstruction.com/news-1/25882-russia-and-japan-confirm-interest-in-sakhalin-hokkaido-gas-pipeline-project.html

13 http://www.globaltimes.cn/content/1025354.shtml

서 맡아야 하는 의무보다는 일종의 수익사업 기회로 본다.

러시아의 국내 문제에서는 북한보다 극동지역의 경제적·문화적 미래가 훨씬 중요하다. 전체적으로 볼 때 러시아는 인구가 줄어드는 추세다. 특히 시베리아처럼 인구밀도가 낮은 지역이 문제다. 그런 지역에는 새로운 사업기회를 활용하기 위해 중국인 이주자들이 대거 유입된다. 그에 따라 인구 변화가 가속화되고 있다. 그런 변화는 장기적으로 러시아에 심각한 문제가 될 수 있다.

이미 시베리아에서 중국인 이주자와 사업체가 급속히 늘어나고 있다. 최근 러시아와 중국의 관계가 미·중 간의 긴장으로 더욱 가까워졌지만 러·중 사이에도 아직 상당한 긴장이 남아 있다.

러시아가 동북아 지역과의 관계를 개선하기 위해 장기적인 종합 정책을 확정한 것 같지는 않다. 또 러시아는 미국과 한국이 지적하는 북한의 안보 위협과 관련해서도 별로 공감하지 않는다. 그런 차이는 러시아에 유리한 측면도 있고 불리한 측면도 있다.

우크라이나 위기, 시리아 내전을 둘러싼 미국과 러시아의 갈등, 도널드 트럼프의 미국 대통령 선출과 관련된 미국 대선 개입 논란으로 러시아와의 관계가 훨씬 복잡해졌다. 미국은 오바마 정부에서 러시아 제재를 강화하고 국제사회에서 러시아의 영향력을 제한하려고 했다. 더구나 미국과 중국 간의 긴장이 높아지면서 러시아와 중국은 더 밀착하고 있다. 미국의 러시아 제재로 인해 러시아는 북한에 무엇을 어떻게 하라고 압력을 가할 이유가 없어졌다.

미국

6자회담 당사국 중 미국은 지리적으로 북한에서 가장 멀리 떨어져 있지만 한반도는 지난 60년 동안 미국의 전략적 사고에서 중심이었다. 미국은 한국과 중요한 동맹관계를 유지하며, 6자회담에서 다른 어떤 당사국보다 한국의 입장을 더 강력히 지지한다.

또 미국은 일본과도 강한 군사동맹을 맺고 있다. 그에 따라 미국은 다양한 차원에서 장기적으로 동아시아 문제에 깊이 개입하고 있다. 더구나 한국과 일본에는 미국이 제3자로서 동아시아 문제에 개입하는 것이 균형과 객관성 유지에 도움이 된다고 생각하는 사람이 많다. 동시에 미국은 트럼프 정부 아래서 중국과 북한에 더욱 적극적인 입장을 취하고 있다. 그 결과 미국의 동아시아 개입이 더 강화되는 상황이다. 우리는 이 점에 주목할 필요가 있다.

그러나 미국이 한국을 중요한 동맹국으로 인식하고 워싱턴 정가의 유력 인사들이 한반도에 높은 관심을 보이는 데는 그만한 대가도 따른다. 미국은 북한과의 충돌에 대비한 군사 계획에 막대한 자원을 투입했고 한국의 전략적 중요성을 거론하지만, 워싱턴의 싱크탱크나 정부기관이 한반도와 관련된 문제에 관해 가진 실질적인 전문지식은 놀랄 정도로 빈약하다.

지난해 미국 정부의 관심이 시리아와 우크라이나, 이스라엘, 이란에서 중국 쪽으로 확실히 이동했지만, 미국의 한반도 정책은 여전히 모호하며 관심은 한국보다는 북한에 국한되는 경우가 많다. 미국의 동아시아 문제 개입수준을 나타내는 동맹관계를 볼 때 미국은 전통적으로 미·일 동맹을 이 지역 미국 안보의 주된 틀로 삼는다. 최근 들어서야 한국도 미국 안보에 일본만큼 중요하며 더 많은 관심이 필요하다는 인식이 생겨나기 시작했다. 그 같은 한·미 동맹의 격상은 바람직한 일이지만, 미국이 한반도 문제와 관련해 필요한 전문지식을 충분히 확보하려면 앞으로도 수년은 족히 걸릴 것이다.

미국은 새로운 경제·기술 능력만이 아니라 동아시아 지역 전체의 문화적·외교적 영향력 측면에서도 한국의 잠재력을 인식하는데 오랜 시간이 걸렸다. 이제야 미국과 한국은 전 세계에서 더욱 포괄적인 방식으로 협력할 수 있는 방안을 검토하기 시작했다.

미국의 고참 정책 전문가들에겐 지금도 한국이라면 미국의 도움없이는 생존하기 어려운 가난한 나라라는 인식이 남아 있다. 그들은 1970년대 TV 드라마 〈매시〉(M*A*S*H)에서 본 가난한 농촌 장면을 아직도 기억한다. 그러나 한국은 요즘 기술 분야에서 여러 모로 미국과 동등하거나 앞서고 있다. 따라서 이제는 양국 관계의 재설정이 필요하다.

미국은 글로벌한 전략적 관점에서 한반도를 바라보며 북한의 핵무기와 대륙간 탄도미사일 개발이 동북아와 세계에 미칠 영향을 깊이 우려한다. 이런 우려는 너무도 당연하다. 그러나 핵·미사일 프로그램을 중단시키기 위해 북한을 설득하려고 미국이 동원한 전략 중 다수는 명백히 실패로 돌아갔다. 핵문제에 집중하다 보니 다른 모든 것을 덮어 두고 비확산에 관해서만 끝없는 논쟁을 하게 된 것이다. 한반도의 세부적인 문화와 역사에 관해선 아무런 관심도 없다. 핵위협이 가장 심각하지만 미국의 핵전문가들은 한반도 통일을 위한 의미 있는 장기적 대화에 필요한 폭넓은 배경 지식을 갖고 있지 않다.

그 결과 역설적이게도 한국이 갈수록 중요한 글로벌 주자(특히 기술 측면에서)로 부상하지만 미국의 한국 정책은 미국에 그보다 더 중요하다고 인식되는 문제에 밀려날 수밖에 없다. 안타깝게도 서방인들은 한국과 북한을 자주 혼동한다.

그들은 한국이라고 하면 주로 부정적이며 위협적인 이미지를 떠올린다. 자연적으로 위험한 독재자가 연상되기 때문에 동맹국으로서 한국에 대한 열의를 끌어내기가 쉽지 않다. 실제로 미국에서 가장 유명한 한국인은 '김정은'과 '싸이'일 가능성이 크다. 다른 정치인이나 관료는 말할 필요도 없이 한국 대통령의 이름을 댈 수 있는 미국인도 사실 드물다.

마찬가지로 한국에 관해 잘 알지 못하는 미국 정치인의 머릿속에는 굶주리는 북한 어린이나 평양 대로를 행진하는 가공할 무기의 강한 이미지 때문에 한국의 문화 강국, IT 허브, 혁신의 중심지라는 이미지는 끼어들 틈이 없다.

불행하게도 미국의 외교·안보 전문가 다수는 한반도 이슈를 다른 지역의 프로젝트에 대한 집중을 방해하는 문제로 보는 경향이 있다. 그들에겐 중국이 잠재적인 라이벌이자 위협이며, 글로벌 경제에서 한국이 맡는 중요한 역할은 거의 무시된다.

미국에선 6자회담의 전반적인 과정을 두고 회의적인 시각이 매우 컸을 뿐 아니라 그 회담의 성과도 처음부터 간과됐다. 골치 아픈 협상에 참가하는 미국 대표단은 워싱턴 정가의 비판자들을 설득하느라 진땀을 흘렸지만 회담의 가치는 거의 인정받지 못했다.

나는 6자회담의 가치에 대한 미국의 심각한 오해가 있었다고 생각한다. 회담을 중단하는 것은 북한에 벌을 주는 게 아니라 오히려 군사적 도발의 빌미를 줄 수 있다. 그 결과 안타깝게도 국제사회의 견해는 북한에 아무런 영향을 주지 못하게 됐다.

북한의 위협을 종식시키기 위한 노력의 첫 단계는 북한이 핵무기를 폐기하도록 하는 것이 아니다. 사실 그건 맨 마지막 단계다. 가장 먼저 해야 할 일은 교류와 상호이해 증진을 통해 긴장을 완화하는 것이 돼야 한다. 일단 서로 간의 분위기가 좋아지면 거의 즉시 핵무기의 위협이 크게 줄어든다. 그러나 이런 발상의 전환은 잠재적 위협에 대한 추상적인 개념이 아니라 한반도의 정치와 문화에 지속적인 초점을 맞춰야 가능하다.

한 국

한국은 미국이 한반도의 최근 사태를 정확히 인지하지 못한 것에 대해 일부 책임을 져야 한다. 여러 차례 한국은 자신의 주장을 정확히 밝히지 못했고 독자적으로 나서지도 못했다. 한국 외교관들은 미국이 한국에 관심이 없다고 미리 짐작하고 미국의 정책 입안자들에게 한국의 관점을 알려 줄 노력을 거의 하지 않았다.

미국을 방문하는 한국인 다수는 미국인이 잘 모르는 중요한 사실을 알려 주려고 애쓰기보다 워싱턴에서 자신의 이익을 위해 개인적인 네트워크를 구축하는 데 더 관심이 많다.

일본이 북한과의 거듭된 협상에 독자적으로 임할 수 있다면, 한반도 문제에서 직접적인 당사자인 한국도 그렇게 할 수 있을 것이다. 한국은 지금이라도 북한과의 대화에 나서야 한다. 한국은 북한 측에 독자적인 원칙을 제시하거나 포괄적인 전략을 설명하는 데 번번이 실패했다.

우리는 한반도와 동북아 지역에 대한 폭넓은 비전의 일부로서 그들에게 우리의 이익을 명확히 밝히지 못하고 개별적 사안에 관한 단편적인 요구만 내놓았다. 그에 따라 미국은 전체적인 전략에 한국이 무엇을 기여하는지 알 수 없는 상황에서 한국의 지적을 성가신 동맹국의 불만으로 치부하는 경우가 많았다.

한국은 오랫동안 핵문제의 인질로 잡혔다. 그건 한국이 자초한 일이다. 그동안 안보 관계를 원대한 전략의 일부로 재설정할 기회가 많았지만 우리는 그런 기회를 전부 놓치고 말았다. 우리의 그런 실책으로 미국은 새로운 접근법의 잠재력이나 북한과 주변국 관계의 복잡성을 올바로 인식하지 못했다. 무엇보다 먼저 비핵화에 집착하는 미국 정책의 근시안적 접근법은 북한을 포용하는 실질적인 기회를 날려 버렸다.

한국 정부도 비확산에 관한 논의에서 미국과 협력하는 데 적극적이었다. 우리가 미국인과 같은 견해를 가진 파트너라는 점을 미국에 인식시키고 싶었기 때문인 듯하다. 그 과정에서 우리는 한국에 매우 중요한 특정 문제와 어려움을 제쳐 두는 바람에 실질적인 해결책을 제시하지 못했다. 우리가 북한의 비핵화에 실패한 것은 우리가 실제 상황을 정확히 알려 주기보다 미국이 듣기 원한다고 생각하는 것만 말해 줬기 때문이다.

지금 우리에게는 새로운 전략과 새로운 계기가 필요하다. 우리는 핵문제에만 집착하는 데서 벗어나 다양한 방면에서 북한을 국제사회에 끌어들이는 방법을 찾아야 한다. 불행하게도 우리는 지난 15년 동안 핵문제를 최우선으로 삼은 결과 북한 측에 실행 가능한 해결책을 상상할 수 있는 기회를 주는 광범위한 대화를 이끌지 못했다. 이제 우리는 북한을 글로벌 경제 시스템에 통합시키는 창의적인 방법을 찾아야 한다. 그것이 진정한 포용이다.

북한은 경제와 사회 측면에서 잠재력이 매우 크다. 북한에는 글로벌 경제에 기여할 수 있는 고학력 인재가 많으며, 미래의 경제발전을 이끌 수 있는 천연자원도 풍부하다. 물론 북한을 정상궤도로 복귀시키는 과정은 쉽지 않을 것이다. 그러나 북한 지도부는 국제사회 참여에 관심이 많다는 의사를 분명히 내비쳤다.

북한을 변화시키려면 우리는 과거의 정책을 재검토하면서 그 정책이 왜 실패했는지 파악해야 한다. 이명박 정부의 남·북 관계 접근법은 일관성이 결여돼 혼동과 오해를 불러 일으켰다. 한편으로 이명박 정부는 대화를 유도할 목적으로 북한에 경제적·사업적 인센티브를 제시했다. 그는 북한이 비핵화를 위해 취할지 모르는 조치에 대한 보상으로 군침 당기는 경제적 '당근'을 제시했다.

신중히 계산된 제안이었지만 더 넓은 지정학적 환경을 감안할 때 체면에 집착하는 북한으로서는 그 제안을 받아들이기 어려웠다. 실질적인 관계 진전의 가능성이 바로 거기에 있었지만 대화 그 자체의 중요성은 적극적으로 추구되지 않았다. 북한과 직접 대화하지 않고, 그들이 중시하는 프로토콜을 따르지 않는다면 아무리 논리적인 제안을 해도 그들에겐 별로 매력적이지 않다. 제안된 논의의 주제도 폭이 너무 좁아 북한 측에 외교적 협상의 여지를 충분히 주지 못했다.

게다가 이명박 대통령은 남·북 관계를 엄격한 '서로 주고받기'의 규칙에 따라 추진하는 경향을 보였다. 그의 의도가 고매하다고 해도 그의 발언은 북한이 혼동을 일으킬 만했다. 한편으로 그는 북한 주민의 연간 소득이 3천 달러가 되도록 지원하겠다며 그와 관련해 여러 약속을 제시했다. 그러나 동시에 경제적 기회에 관한 모든 논의의 전제 조건으로 비핵화(非核化)를 내걸었다. 그런 식의 협상 제의로 교회나 NGO 같은 민간 기구와 개인의 교류 채널은 제한될 수밖에 없었다.

여러 민간 기구는 북한과의 선의를 도모하는 독자적인 방법을 갖고 있었지만 이명박 정부가 그런 제안을 내놓으면서 그들이 맡을 역할은 더 이상 없어졌다. 가능한 대화는 정부가 지명한 대표단의 비핵화 논의뿐이었다. 북한은 모든 분야의 대화에서 핵문제가 왜 전제 조건이 돼야 하는지 이해하지 못했다.

북한 주민에게는 민간 부문의 교류가 훨씬 더 효과적인 소통 방식이다. 북한 주민은 다양한 상징적 방식으로 자신을 표현하길 좋아한다. 하지만 그럴 기회가 사라졌다.

이명박 정부는 '그랜드 바겐'이라는 포괄적인 협상을 추진하려고 애썼다. 가능성이 엿보이는 제안이었지만 별 호응을 얻지 못했다. 이 역시 핵문제에 초점을 맞추는 바람에 포괄적 협상에 관한 막후 논의나 NGO·시민단체의 참여 기회가 거의 없었기 때문이다. 북한 주민에게 막후 소통은 부패나 속임수를 위한 것이 아니다. 그런 이면(裏面) 대화는 공식적인 자리에서보다 더 솔직한 이야기를 끌어낼 수 있기 때문에 반드시 필요하다.

결국 김정일 정권은 이명박 정부의 그런 일방적인 접근에 좌절하면서 반발하기 시작했다. 이명박 정부는 무엇이 가능한지에 관한 좀더 원대한 비전이 부족했다. 남·북한이 공동으로 관심을 가질 수 있는 비전 말이다. 무슨 문제든 북한과 합의를 볼 기회가 있을 때마다 북한은 쌀이나 비료 등의 지원을 요구했다. 이명박 정부는 이런 요구를 '서로 주고받는' 규칙의 위반으로 받아들였다.

그러나 북한의 관점에서 보면 남한은 부유한 나라이며, 그런 사소한 요구는 신뢰구축 과정의 일부다. 이명박 정부가 더 큰 계획을 가졌다면 그 과정의 일부로 북한의 사소한 요구를 받아들이는 것이 어렵지 않았을 것이다. 대통령이 되기 전 중동이나 아프리카에서 사업 경험이 풍부한 그로서는 그런 요구가 흔하다는 사실을 잘 알았을 것이다.

이명박 정부의 대북정책 실패를 두고 양측이 충분한 신뢰를 쌓지 못한 결과라고 주장하는 사람이 있을지 모른다. 그러나 대화가 없으면 신뢰가 없고 신뢰가 없으면 남·북 관계의 진전도 없다.

박근혜 정부는 남·북 관계에 좀더 유연하게 대처하려 했고 더 큰 비전도 제시했다. 예를 들어 대화의 기본 원칙과 '한반도 신뢰 프로세스'를 제시하며 신뢰구축 과정을 중시한다는 점을 시사했다. 심지어 통일을 '대박'으로 표현하기도 했다. 그러나 박근혜 정부는 계속 엇갈리는 신호를 보내 단도직입적인 거부보다 북한을 더 짜증나게 만들었다.

박근혜 정부에는 '흡수통일'을 주장한 인사들이 있었다. 남한이 통일 과정을 주도한다는 뜻이다. 그 말은 북한 정부의 귀에 곧바로 들어갔다. 그런 발언이 비공식적인 자리에서 나왔다는 사실은 중요치 않았다. 곧바로 그들은 진지한 논의를 중단했다. 박근혜 대통령은 남·북한 사이의 다양한 문제를 두고 다면적인 범국가적 대화를 시작하기 위해선 공적이든 사적이든 사회의 모든 차원에서 소통을 촉진할 필요가 있었다.

2014년 10월 북한 최고위급 인사 3명이 인천 아시안게임 폐막식에 참가했을 때 남·북 관계의 진정한 진전을 시작할 수 있다는 기대가 컸다. 그러나 지난 2년은 한국인에게 완전히 비극의 기간이었다. 북한의 거듭된 핵무기 실험으로 NGO를 비롯한 모든 민간 교류가 중단됐고 공식 대화채널도 차단됐다. 금강산 관광특구는 오래전 문을 닫았고, 남·북 협력의 성공사례로 선전되던 개성공단마저 쓸데없이 폐쇄됐다. 심지어 박근혜 정부에서 '김정은 암살'이라는 불길한 발언마저 흘러나오면서 적대감은 증폭됐다. 우리는 포용과 진지한 대화에서 많이 멀어졌다. 급기야 남·북 관계 접근법의 진정한 수정이 요구되는 위기까지 이르렀다.

북한

북한과 대화할 때 부닥치는 영원한 딜레마는 당근과 채찍의 어떤 배합이 가장 효과적이냐는 문제다. 경험적으로 보면 채찍은 별 효과가 없다. 북한의 관료집단은 지난 60년 동안 국제사회로부터 수많은 규탄과 징계를 받았기 때문에 쉽게 겁먹지 않는다. 북한과의 대화에서 진정한 진전을 이루는 더 현명한 방법은 내부적인 변화를 시작할 수 있도록 그들에게 확실하고 매력적인 인센티브를 제공하는 것이다. 그런 변화는 자연스럽게 더 큰 개방으로 이어질 수 있다.

북한은 핵무기가 경제적인 역동성을 가져다주진 않을 것이라는 사실을 잘 안다. 또 동북아 지역의 번영에서 자신들이 제외되고 있으며, 핵무기를 포기하지 않고서는 번영을 누릴 수 없다는 사실 역시 잘 안다.

북한은 군사훈련을 실시하고 미사일을 발사하며 핵무기를 실험하는 지겨운 전략에서 어떻게 벗어날 수 있을지에 관해 정부 내부나 지식인들 사이에서 합의를 이루지 못한 듯하다. 북한 정권의 그런 진화에는 상당한 시간이 걸릴 것이다. 물론 북한에 어느 정도의 압력을 가하는 것도 필요할 것이다. 그러나 당근 없이 채찍만 가하면 북한으로부터 어떤 것도 얻을 수 없다.

그들이 반응할 만한 압력을 행사하고 싶다면 그들이 매력을 느낄

북한이 2017년 5월 22일 연료 주입 절차 없이 이동식발사차량(TEL)에 탑재해 발사할 수 있는 신형 고체엔진 중거리 탄도미사일(IRBM) '북극성 2형'을 시험 발사했다. – ⓒ 중앙포토

만한 경제발전의 진정한 기회를 제시하는 것이 더 효과적이다. 무력시위는 군국주의자들의 정당화 논리에 힘을 실어 줄 뿐이다. 북한을 윽박질러 방향을 바꾸도록 하기는 불가능할 것이다. 그러나 그들이 자국의 이익을 바탕으로 좀더 합리적인 길로 나가도록 설득할 수는 있다.

사실 지금도 북한에서 일부 경제개혁과 정치변화가 일어나고 있다. 순전히 필요에 따른 변화다. 예를 들어 북한의 8개 도(道)는 각각 독자적으로 경제 프로젝트를 실시할 수 있고, 고용과 해고에 더 많은 재량권을 갖게 됐다. 이 같은 지방정부의 독자적인 의사결정 과정은 매우 중요한 조치로 덩샤오핑 아래서 중국이 실행한 초기 개혁을 떠올리게 한다.

예를 들어 북한은 중국의 전례를 따라 일반인이 자신의 땅을 일궈 채소를 재배하고 당국에 일정액을 수수료로 납부한 후 나머지 생산물을 시장에 팔 수 있도록 허용하는 개혁도 시행했다. 과거의 극심한 식량난은 옛 이야기가 됐고, 농업 생산도 상당히 늘었다. 또 북한은 더 자유로운 경제활동을 위해 26개 특구·개발구를 지정했다.

그처럼 북한은 외부와의 더 많은 경제적 교류에 문호를 상당히 개방했다. 물론 처음에는 신중할 것이다. 그러나 시간이 지나면 투명성을 제고할 수 있는 조치를 포함해 더 폭넓은 개혁을 수용할 가능성이 있다. 우리는 북한 주민 대다수가 좀더 열려 있고 투명한 사회를 경험할 기회가 없었다는 사실을 명심해야 한다. 따라서 무엇이 가능한지 알 수 있도록 그들이 국제 NGO나 교육기관들과 가능한 한 많이 교류할 필요가 있다.

제 2의 6자회담이 필요하다

제 2차 북핵 위기 후 북한의 위협에 대한 영구적인 해결책으로 공들인 협상 끝에 1994년 북·미 제네바 기본합의가 나왔다. 그러나 미국과 북한의 상호 불신이 너무 커 전면적인 합의 이행이 불가능했다. 합의가 파기되면서 북한은 NPT 탈퇴라는 극적인 조치를 취함으로써 독자적인 핵무기 개발의 길로 들어섰다.

노무현 정부와 미국의 조지 W. 부시 정부 시절인 2003년 6자회담이 시작됐다. 남·북한, 미국, 일본, 러시아, 중국의 대표가 여러 차례에 걸쳐 한자리에 모여 북한이 핵 프로그램을 포기하도록 어떻게 설득할 수 있을지 열띤 토론을 벌였다.

6자회담은 2003년부터 2008년까지 북한 문제를 다루는 주된 장치였다. 당사국이 너무 많다는 점에서 비효과적인 측면도 있었지만 독특한 포괄성이 돋보였다. 동아시아의 안보를 위한 더 큰 틀의 합의 가능성도 비쳤다. 6자회담은 한동안 북한과 가능한 유일한 대화 통로였다. 당사국들은 실질적인 논의가 가능한 아주 드문 기회를 가졌다. 하지만 그 자리에서 서로 요점이 다른 이야기도 많이 나왔다.

몇몇 회담 참가자가 나중에 펴낸 회고록에서 밝혔듯이 6자회담에서 한 가지 근본적인 문제는 미국이 애초에 제네바 기본합의를 내

키지 않으면서도 받아들였다는 것이었다. 합의가 이행되리라는 믿음은 아예 없었다. 미국은 북한이 이전에 플루토늄을 생산했다는 사실을 당장 인정하지 않아도 되도록 배려했고, 북한 측에 중유(重油)를 제공하고 경수로(輕水爐) 2기 건설을 허용했다.

그런 관대함은 당시에 널리 퍼진 가정에 입각한 행동이었다. 북한의 김정일 정권이 오래지 않아 붕괴하고 서방에 훨씬 더 개방적인 새 정권이 들어설 것이라는 가정이었다.

따라서 미국은 까다롭게 세세히 따질 필요가 없다고 생각했다. 워싱턴 정가에선 그런 북한 붕괴 예측이 무성했다. 그러나 북한 정권은 계속 유지됐고 경제도 어느 정도 안정돼 갔다. 붕괴 예측을 비웃기라도 하듯이 북한 경제가 실제로 성장하기 시작했다. 결국 그런 예측은 아무런 도움이 되지 않았다.

이제 우리는 북한과 실질적이고 포괄적인 대화로 돌아갈 필요가 있다. 큰 틀의 통합과 어떤 행태든 간에 통일의 가능성에 대비하기 위해선 모든 차원에서 북한과 소통하고 교류해야 한다.

6자회담은 그 외 다른 문제도 갖고 있었다. 미국은 북한의 핵 프로그램 종식을 최우선 목표로 꼽았다. 그러나 다른 당사국들의 생각은 달랐다. 일부는 더 넓고 복잡한 의제를 선호했다. 하지만 원래 그 회담이 북핵 포기를 목표로 만들어졌기 때문에 회담의 성격상 다른 문제의 논의는 불가능했다. 모든 당사국의 관점을 아우르는 '그랜드 바겐'이 가능한 자리가 아니었다.

그 결과 북한은 6자회담의 협의 과정을 시간 버는 방법으로 인식하게 됐다. 북한은 그동안 핵무기 개발을 계속 진행하는 동시에 군의 현대화도 도모했다. 실제로 북한으로선 6자회담이 성공적이었다. 북한은 그 회담으로 약간의 재정적 이득도 얻었다. 북한과 국제사회의 관계를 정상화하자는 제안도 나왔다. 그러나 한국과 미국의 보수파는 그런 제안을 거세게 비판했다. 그들은 북핵 동결이라는 애초에 명시된 목적을 이루지 못했다는 점에서 6자회담을 실패로 규정했다.

　북한과 관련해 큰 영향을 미친 다른 이슈는 인권(人權) 문제였다. 미국 의회는 2004년 '북한인권법'을 통과시켰다. 한국도 2016년 3월 독자적인 북한인권법을 제정했다. 중국과 동남아, 한국에서 탈북민(脫北民) 지위가 새롭게 부각됐고 북한 사회의 문제에 관한 치열한 논의가 널리 주목받았다.

　물론 북한의 인권은 중요한 이슈가 돼야 마땅하다. 그러나 문제는 북한의 인권을 개선할 수 있는 최선의 방법을 찾는 것이다. 핵문제와 마찬가지로 신속히 인권 상황을 개선하지 않으면 즉시 징계하겠다는 위협적인 접근법은 문제의 해결이 아니라 오히려 북한의 반발을 부를 가능성이 크다. 사실 어느 나라가 완벽한 인권 실적을 자랑할 수 있겠는가? 북한은 인권이 가장 열악한 나라 중 하나이지만 북한만 그런 게 아니다.

　다른 나라의 경우처럼 우리는 북한에 인권 정책이 잘못됐다는 사실을 계속 상기시킬 필요가 있다. 또 국제사회도 북한의 인권 현실을 바로 알아야 한다. 그러나 인권은 북한과의 대화에서 포괄적으로 다뤄질 필요가 있는 수많은 이슈 중 하나일 뿐이다. 우리가 핵문제에서 범한 실수를 인권 문제에서도 그대로 반복한다면 오히려 문제를 더 키울 뿐이다. 포괄적인 대화를 방해할 정도로 인권 같은 단일 이슈에 초점을 맞추면 협상 과정만 지연될 뿐이다. 반면 폭넓은 협상을 통해 나오는 새로운 경제교류 장치는 북한 주민의 생활수준을 높이고 인권을 개선할 수 있는 환경을 조성할 것이다.

6자회담의 취지는 북한의 핵무장을 해제시키는 것이었다. 하지만 당사국들의 관점이 서로 달라 목표를 좁혀 잡을 수밖에 없었다. 그러나 잠재력은 핵문제를 뛰어넘을 수 있었다. 제한된 틀의 논의에도 불구하고 더 넓은 비전이 감지되는 순간도 있었다.

2005년 9월 19일 발표된 6자회담 공동성명에 따르면 당사국들은 한반도 평화체제에 관한 별도의 포럼을 마련하고, 동북아의 다자간 안보협력 장치를 설립하며, 에너지와 경제지원 및 협력과 관련된 조치를 취하기로 합의했다.

다시 말해 6자회담 자체는 그처럼 폭넓은 대화의 장이 될 수 없었지만 그런 대화가 필요하다는 것은 모두가 인정했다는 뜻이다. 그 회담의 형식 안에서 동북아에 절실한 지역안보 구조의 기초가 서서히 다져지기 시작했다. 그 같은 폭넓은 대화가 필수적인 것은 이 지역에서 안보 문제가 거론될 때마다 모두 편의적으로 북한 문제를

2005년 9월 19일 중국 베이징 댜오위타이에서 6자회담 대표들이 '9·19 공동성명'을
발표한 뒤 악수를 나누며 축하하고 있다. 왼쪽부터 크리스토퍼 힐 미국 국무부 차관보,
사사에 켄이치로 일본 외무성 아시아대양주국장, 우다웨이 중국 외교부 부부장, 송민순
외교통상부 차관보, 김계관 북한 외무성 부상, 알렉산드르 알렉세예프 러시아 외무부 차관
(이상 당시 직책). – ⓒ 중앙포토

부각시키는 경향 때문이다.

하지만 예를 들어 중·일 관계의 악화는 이 지역에서 북한이 유
일한 안보 도전이 아니라는 점을 시사한다. 그럼에도 우리에게는
북한 외에 중국·일본과 관련된 안보 문제를 터놓고 논의할 장치가
없다. 박근혜 대통령은 '동북아평화협력구상'을 제안했다. 잠재력
이 아주 큰 제안이었지만 그런 구상을 이 지역에 필수적인 프로젝
트로 출범시키려는 노력이 거의 없었고, 북한도 관심을 보이지 않
았다.

북한이 계속 핵-미사일 능력을 증강하고 군사력을 현대화하는 상
황이기 때문에 우리는 역사적인 사명감을 갖고 새로운 접근법을 채

택해 이 도전을 극복하기 위해 최선을 다하지 않으면 안 된다. 우리는 북한의 핵 프로그램이 무한정 확장되도록 방치할 수 없다. 또 우리가 대화를 중단한다고 해서 북한이 정책을 바꾸지도 않을 것이다. 무모한 군사 대응으로 지하 깊숙이 진행되는 핵무기 개발 연구를 종식시킬 수도 없다. 한반도에 핵무기가 늘어나면 끔찍한 핵전쟁이 터지는 상황을 배제할 수 없다.

우리가 치러야 하는 다른 대가도 있다. 북한이 핵무장을 강화하면 그에 맞서기 위해 우리도 다른 부문의 투자를 줄이고 소중한 자원을 무익하게 국방에 쏟아부을 수밖에 없다. 더구나 북한의 핵무기가 늘어나면 일본과 한국의 정치인은 자국도 핵무기를 개발해야 한다고 주장할 좋은 구실이 된다.

우리에게 남은 시간은 별로 없다. 우리는 북한의 핵무기 확장을 막아야 할 뿐 아니라 동북아의 치열한 군비경쟁도 피해야 한다. 그런 경쟁은 이 지역의 질서와 안정을 해치며, 지금보다 훨씬 더 심각한 위험을 부를 수 있다. 북한의 핵개발이 지금 같은 추세로 계속된다면 5년 후 그들은 성능이 개선된 미사일과 핵폭탄을 포함해 훨씬 더 정교한 기술을 보유하게 될 것이다. 그럴 경우 위협은 더 현실적이 된다. 북한이 걸핏하면 위협하듯이 실제로 미국 본토를 공격할 수 있는 탄도미사일 기술을 확보한다면 미국은 어떤 반응을 보일까?

미국의 일부 전문가들은 흔히 국제사회가 제재를 통해 북한에 강력한 경제적 압력을 가할 수 있기 때문에 북한이 더는 핵무기를 개발할 수 없다거나 북한이 곧 붕괴하리라고 추정한다. 그러나 두 가지 추정 모두 가능성이 희박하다. 물론 6자회담이 완벽하지는 않았다. 그러나 봉쇄와 제재 정책이 성과를 내지 못했다는 사실을 이제는 인정해야 한다.

이제 다른 접근법을 시도할 시기가 됐다. 현시점에서 우리는 북한이 경제적·군사적 안보를 위한 새로운 방안을 고려하도록 설득할 수 있는 모든 카드를 다 써야 한다. 새로운 장치를 통해 북한의 안전을 보장해 주는 창의적인 사고가 필요하다.

물론 북한 정권은 피해망상에 사로잡혀 있다. 그들은 리비아의 카다피 정권 같은 운명을 피하면서 권력을 유지할 수 있는 가장 저렴한 방법이 핵무장이라고 확신한다. 하지만 북한에는 그들과 달리 선의로 협상에 임하고 싶어 하는 사람도 분명히 있다.

우리는 북한 정권이 핵무기 없이도 안전하다는 것을 보장해야 한다. 동시에 핵무기의 점진적인 해체가 오히려 이익이라고 생각되도록 그들에게 경제적 혜택도 제시해야 한다. 그런 협상은 아직 시작되지 않았다. 6자회담은 운신의 폭이 너무 좁아 더 넓은 관심사의 논의가 불가능했다. 그러나 북한은 이전에도 진지한 협상에 임한 적이 있다.

합의가 이뤄진다고 해도 북한이 예전처럼 단기적으로 일부 사항의 이행을 거부할 수 있다. 그러나 우리가 계속 유연하게 대처한다면 그들도 안심하고 더욱 진지하게 나올 것이다. 분명히 그들은 핵무기 개발 없이도 정권을 유지할 수 있는 방법을 찾고 있다. 우리는 대북정책에서 비핵화를 북한의 정권교체와 연계시키지 말아야 한다. 북한은 우리가 정권교체를 원하지 않는다고 확신한다면 핵 프로그램 관련 논의를 진지하게 받아들일 것이다.

우리의 주된 목표가 한반도 비핵화라면 그것에 최우선으로 집중해야 마땅하다. 거기에 덧붙여 정권교체를 내세우거나 지도자 암살 등의 언급에 신중해야 한다.

통합으로 가는 마지막 단계

다양한 채널을 통해 북한과 대화를 계속하는 것이 성공의 필수적인 요인이다. 우리는 그런 대화가 계속 일관성 있게 진행되도록 최선을 다해야 한다. 남·북한 사이의 긴장 수준과 상관없이 언제나 어떤 차원에서나 그런 대화 채널이 유지돼야 한다. 미국은 북한과의 대화가 의례적이며 합의를 해도 이행되지 않는다고 실망하기 쉽다. 그러나 북한으로선 대화 자체가 중요한 정치적 의미를 갖는다.

대화가 일상적으로 이뤄지면 장기적으로 그 범위와 깊이가 확대된다. 북한의 사고방식이 하룻밤 사이에 바뀌진 않는다. 신뢰 구축에는 마법의 지름길이 없다. 의미 있는 변화가 나타나려면 오랜 시간에 걸쳐 꾸준한 노력이 필요하다.

바로 그런 이유 때문에 한국이나 미국, 일본의 국내 정치와 무관하게 민간단체 사이의 접촉은 계속돼야 한다. 대화를 계속하면 남·북 간의 신뢰 관계가 구축되며, 그런 대화가 인도주의와 종교, 문화 분야의 교류로 확장되면서 더욱 심화된다. 지난 5년 정도 사이에 천안함 폭침(爆沈)과 연평도 포격에 대한 대응으로 그런 접촉이 극도로 제한됐다. 물론 우리가 그런 불행한 사건들을 잊어선 안되지만 우리는 과거에 발목을 잡히지 말고 계속 전진해야 한다.

기독교와 불교 단체는 북한의 인도적인 지원에 깊이 관여하고 있

다. 그런 중요한 노력은 다양한 NGO와 해외동포들의 지원을 받는
다. 그러나 지금 수준으로는 충분치 않다. 콘서트, 페스티벌, 스포
츠 행사, 교육 프로그램 등 남·북 간의 벽을 허물 수 있는 문화교
류가 절실하다. 특히 민간 부문이 창의적으로 교류를 주도해야 한
다. 우리는 북한 주민도 비슷한 욕구와 관심사, 비슷한 사고와 꿈
을 가진 사람이라는 사실을 인식할 필요가 있다. 양측이 대화에 더
많은 시간을 보낼수록 우리는 더 큰 걸음의 진전을 이룰 수 있다.

북한 당국이 주민의 남한 방문을 허용하도록 우리가 설득할 수
있다면 더할 나위 없이 좋을 것이다. 처음엔 특별 행사나 가족 상봉
으로, 그 다음은 좀더 일반적인 의미로 방문이 이뤄질 수 있다. 독
일 통일을 가능케 한 것도 바로 그런 교류였다. 인천 아시안게임이
보여 주었듯이 축구경기 같은 스포츠 행사도 더욱 활발한 교류를
장려하는 아주 효과적인 수단이 될 수 있다. 콘서트 같은 예술 행사
도 남·북 관계 증진에 큰 도움이 될 수 있다.

처음엔 북한이 금전적인 대가를 요구할지 모른다. 그러나 과거에
그랬듯이 그것은 우리가 받아들여야 할 현실이다. 신뢰가 싹트고
용인된 절차가 확립되면 북한은 긴장을 풀게 되고 교류는 더욱 자
연스럽고 자발적으로 이뤄질 것이다. 당국 간 대화를 통한 문제 해
결의 발판으로 촘촘한 풀뿌리 교류의 하부구조가 필수적이다.

지금 당장이라도 해결하기 쉬운 문제는 남한 사람의 방북에 대한
당국의 제한을 완화하는 것이다. 그런 정책 하나만 바꿔도 큰 진전
이 이뤄질 수 있다. 남한 사람이 자유롭게 북한의 가족을 방문하고

그들을 돕기 위해 송금도 하면서 북한 사회에서 일정한 역할을 할 수 있다면 엄청난 발전이 이뤄질 것이다.

남한 당국은 북한의 과거 행동에 대한 사과를 반드시 받아 내야 한다는 입장이다. 그러나 천안함 폭침이 비극적이고 국가적으로 중대하며 민감한 사건이지만 거기에 매달리며 나오지 않을 사과를 기다린다고 우리가 얻을 것은 거의 없다. 궁극적으로 북한이 그 사건을 철저히 수사하고 유감을 표하게 만들 방안은 분명히 있을 것이다. 유사한 사건이 앞으로는 일어나지 않을 것이라는 성명을 적절한 협상을 통해 북한이 발표하게 만들 수 있다. 그러나 북한이 긴장을 풀고 그런 문제를 논의할 수 있는 여유가 생겨야만 가능한 일이다. 따라서 이 역시 지속적인 대화가 무엇보다 중요하다.

이제 더 큰 그림으로 돌아가 보자. 남·북 관계가 달팽이의 속도로 나아가서도 안 되지만 지금까지 그랬듯이 가다 말다 반복해서도 안 된다. 부단한 전진이 보장돼야 한다. 한반도의 평화로운 통합으로 장기적인 보상을 원한다면 천안함 폭침 같은 도발이 있더라도 대화와 포용을 중단해선 안 된다는 사실을 모두가 인식해야 한다. 우리는 통일의 추동력이 될 비정치적이고 범민족적인 프로젝트를 위해 별도의 항구적인 제2의 대화 채널을 병행해 구축해야 한다.

향후 남·북 관계 개선의 이상적인 시발점은 북한의 조림(造林) 사업이다. 북한의 황폐한 산림을 되살리는 일은 수십 년이 걸리고 많은 전문지식과 자원이 필요한 사업이다. 고건 전 총리 등 다수의 사회지도층 인사들이 이 문제에 깊이 관여했다. 조림 사업은 농업과 연계돼 중요한 연쇄반응을 일으키며 농업과 시민사회를 연결시켜 줄 것이다. 북한의 산림 복구는 토양의 침식을 막고 표토를 보존하는 데 큰 도움이 된다. 남한에는 이 사업에 기여할 수 있는 인적 자원이 많다.

1960~1970년대에 크게 성공한 농업 프로그램과 산림녹화 노력을 이끈 전문가들은 이제 은퇴했다. 지금 60~70대인 이 전문가들은 그 노하우를 북한에 전하고 대규모 협력 프로젝트를 추진할 시간과 경험, 의지가 있다. 우리는 미국과 손잡고 북한의 핵 프로그램을 억제하기 위한 협상에 임하는 동시에 다음 단계로 나아가는 데 필요한, 말 그대로 '풀뿌리 교류'의 구축에 나설 수 있다.

어쩌면 한국 음식의 상징인 김치가 남·북 사이의 가교가 될 수 있을지 모른다. 현재 남한은 많은 양의 김치를 중국에서 수입한다. 그 김치를 중국이 아니라 북한에서 들여오면 어떨까? 우리는 북한에서 김치를 생산할 수 있도록 기술과 노하우, 비료를 제공하는 동시에 그들이 의지할 수 있는 견실한 시장도 제공할 수 있을 것이다.

그럴 경우 우리는 중국산 김치에 농약이 다량 들어 있을지 모른다고 의심할 필요가 없다. 더구나 우리가 북한에서 토지를 임대받는 프로젝트를 통해 그들에게 현대식 농경제를 전수할 수 있다. 그와 함께 북한에 김치 공장을 지어 김치 생산에 첨단기술을 사용하는 방법을 알려 줄 수도 있다. 개성공단과 개념은 같지만 초점을 농업에 맞추는 사업이다.

여기엔 폭넓은 파급효과가 따른다. 개성공단의 윈-윈 논리에 따라 남한이 북한 농지의 활성화에 투자하면 그 혜택은 북한에 국한되지 않는다. 남한 사람은 자신의 입맛과 습관을 잘 아는 북한 사람이 만든 저비용 고품질 김치를 공급받아 단기적인 혜택을 누릴 수 있다. 우리는 북한을 위협으로만 생각할 게 아니라 우리의 경제성장을 위한 잠재적인 엔진으로 활용할 수 있다. 그런 관계는 단순히 제로섬 경쟁이나 실존적 위협과는 거리가 멀다. 오히려 한반도와 그 잠재력을 다시 상상할 수 있는 기회를 갖게 될 것이다.

통합의 최종 단계에 도달하기

누구든 추측은 할 수 있겠지만 한반도 통일이 정확히 언제 어떻게 이뤄질지는 아무도 모르며 알 수도 없다. 우리가 할 수 있는 일은 통일이 상호존중, 평화공존과 협력 위에서 이뤄질 수 있도록 준비하는 것이다. 북한은 체제 안전이 보장되고 경제적인 혜택이 커진다고 느끼기 전에는 핵무기를 포기하지 않을 것이다. 그들을 경제발전의 길로 인도하면 남·북한 사람들이 동격의 지위를 누리게 되며 앞으로 더 많은 통합이 이뤄질 것이다.

물론 그 과정은 시간이 걸리며 갈등도 있을 것이고 협상도 어려울 것이다. 그러나 우리가 고통스런 경험을 통해 힘들게 교훈을 얻었듯이 북한을 포용하려면 그 외의 다른 길이 없다. 우리는 또 북한 정권이 붕괴하리라고 추정한 것이 얼마나 어리석고 순진한 발상이었는지도 확실히 깨달았다. 게다가 급작스러운 체제 붕괴는 어느 쪽에도 바람직하지 않다. 우리는 이념적 편견으로 경제적·지정학적 현실을 보지 못하는 상황을 허용해선 안 된다.

따라서 우리는 북한 지도부와 주민이 북한의 전략에서 핵무기를 포함한 군사적 요소를 포기하면 큰 혜택이 따른다는 점을 인식할 수 있을 때까지 줄기차게 대화와 교류를 촉진해야 한다.

그런 노력은 반드시 장기적이고 다면적이라야 한다. 그러나 무엇보다 우리는 희망을 잃어선 안 된다. 6자회담을 부활시켜 이전보다 더 실질적이고 영구적인 포럼으로 만들 수 있는 방법은 많다. 그런 '제2의 6자회담'은 당사국들의 진정한 협력을 이끌어 내는 동북아의 주요 국제기구로 발전할 수 있다.

그러나 6자회담의 진화에 따른 결과물로서 어떤 지역적 또는 국제적 구조가 등장하든 간에 한국인 입장에서 보면 남·북한 양자 차원이 상존한다. 우리는 항구적인 안정을 보장하는 방향으로 남·북대화를 발전시켜야 한다. 우리는 현재의 교착상태를 깰 수 있다. 그렇게 할 수 있는 것은 아마도 우리뿐일 것이다.

미국은 북한이 비핵화에 진지하게 나설 것이라는 구체적인 확신을 줄 때까지 북한과 직접 대화를 거부한다는 뜻을 일관되게 밝혔다. 그것이 미국의 정책이다. 그러나 우리는 한국인이기에 통일을 하루라도 앞당기기 위한 환경을 조성하는 그 어려운 일을 마다하지 않아야 한다. 우리는 주어진 특권을 최대한 활용하면서 미국으로선 글로벌한 접근법을 취하는 게 마땅하다는 점을 인정하고 우리 일을 우리 스스로 떠맡는 게 옳다.

결국 이곳은 우리의 나라다. 북한을 대화의 장으로 끌어들이고 윈-윈을 바탕으로 하는 협력관계를 구축하는 것은 우리의 일이다.

북한은 곧잘 엇갈리는 신호를 보낸다. 우리는 지난 10년 동안 남·북 관계에서 수많은 우여곡절과 부침을 목격했다. 그러나 서로 상대방의 제안을 면밀히 검토하고 시간을 들여 행간을 읽는다면 공통점이 많다. 예컨대 박근혜 대통령의 드레스덴 선언과 북한 국방

위원회의 조국해방의 날(광복절) 관련 성명은 실질적인 진전의 바탕이 될 수 있다. 지금까지 우리는 진전이 불가능하다고 생각했다. 언론에 보도되는 북한의 미사일 발사와 핵실험 이미지가 우리를 그렇게 생각하도록 만들었기 때문이다.

우리는 과감하고 신속하게 관계 진전의 가능성을 모색하고 결의와 넘치는 상상력으로 실천을 위해 노력해야 한다. 1945년 외국이 강요한 '임시' 분단이 70년을 가리라고 상상한 한국인은 아무도 없었다. 그 분단이 우리가 성장해 온 현실의 바탕이 된 건 사실이지만 분단이 영원하다고 믿을 이유는 없다. 만약 타성이나 공포 때문에 분단의 상처를 영구적인 것으로 만들어 남쪽이든 북쪽이든 한국인의 잠재력이 손상되도록 놓아둔다면 미래 세대는 우리를 용서치 않을 것이다.

남·북 신뢰구축의 열쇠로서 본 군사교류

창의적인 사고에서 나오는 발언은 종종 특정 정파에게 급진적이거나 비현실적인 것으로 인식될 수 있다. 그러나 우리가 현시대의 요구에 부응할 수 있는 방법을 찾기 위해서는 모든 가능한 접근법을 고려해야 한다. 남·북 관계를 진전시킬 잠재력을 가진 방안 중 하나가 지금까지 간과된 군사교류다.

최근의 사건들을 보면 그런 교류가 불가능하다고 생각될지 모르지만 바로 그 이유 때문에 군사교류는 더욱 중요하다. 과거에도 군사회담은 열렸다. 우리가 본능적인 거부감에서 벗어날 수만 있다면 그런 회담은 잠재력이 매우 크다.

물론 북한 인민군(人民軍)과의 관계는 신중하게 다뤄져야 한다. 인민군은 지난 20여 년 동안 새로운 수입원(收入源)을 찾으려고 노력했다. 그들은 모래를 채취해 팔고 새우를 잡아 팔기도 했다. 벌목도 하고 귀중품을 찾으려고 도굴도 서슴지 않았다. 사실 북한 인민군은 오랫동안 비공식 채널을 통해 남한과 사업을 해왔다. 조심스럽게 교류를 늘리고 공식화한다면 북측에 군사력을 강화할 재원을 제공하지 않으면서도 서로에게 이익이 되는 상생의 새로운 구조를 만들 수 있다. 그 과정에서 더 큰 목표를 잊지만 않으면 된다.

선택 앞에서 순진함은 금물이다. 인민군은 북한에서 권력의 한

축을 이룬다. 따라서 외교 채널을 통해 간접적으로 접근하기보다는 그들과 직접 협상에 나서는 게 더 효과적이다. 남·북 관계에 진전을 이루려면 인민군의 지지를 받아야 한다. 아니면 그들이 적어도 반대는 하지 않아야 한다. 북한 포용 과정에서 그들을 배제하기는 불가능하다. 사실 그들이 우리의 진지한 제안을 긍정적으로 검토할 수 있다고 믿을 만한 이유가 있다.

그 측면에서 중국의 전례가 도움이 될 수 있다. 덩샤오핑은 개혁 과정에서 군부를 배제하면 위험하다는 사실을 잘 알았다. 그래서 처음부터 인민해방군을 포함시켰다. 그는 군부에 다양한 사업기회를 제공했다. 그런 정책은 1990년대까지 이어졌다. 우리도 덩샤오핑의 방식에 따라 북한 인민군을 사업에 참여시킬 필요가 있다. 그들을 배제하면 통일 후 그들의 자리가 없어진다는 메시지를 보내는 셈이다. 위험천만한 일이다. 인민군은 앞으로도 존재할 것이며 그들이 위협을 느끼거나 자신들이 배제된다고 느낀다면 위험한 행동에 나설 수 있다.

우리는 그들이 거절하기 어려운 경제적 인센티브를 제공해야 한다. 그들이 부정적인 이미지나 리스크를 알더라도 응하지 않을 수 없다고 느끼도록 만들어야 한다. 김대중 대통령은 햇볕정책으로 그런 접근법을 제시해 어느 정도 성공했다. 북한은 햇볕정책을 내세운 남한의 의도를 너무도 잘 알았지만 단기적, 장기적 혜택이 너무 커 도저히 거부할 수 없었다.

북한은 절대 순진하지 않다. 그러나 우리가 제시하는 경제적 인센티브가 충분히 크다면 그들은 과감하게 받아들일 것이다.

한국은 미국과 한반도 비핵화라는 목표를 공유한다. 그러나 미국은 국내 정치적인 이유로 북한과의 군사회담을 먼저 제시할 수 없는 입장이다. 반면 한국은 주도권을 갖고 문화와 정서의 동질성을 활용해 북한 인민군을 포용하는 창의적인 방법을 찾을 수 있다. 처음부터 비핵화 문제를 협상 테이블에 올리긴 힘들 것이다. 그렇다면 한반도의 평화적 통일에 초점을 맞추면 된다. 북한도 그 점에는 원칙적으로 동의할 것이다.

그런 협상은 북한 인민군을 위한 프로젝트의 구체적인 계획으로 이어질 수 있다. 그 프로젝트가 성공한다면 다음엔 미국이 강요하는 의제로서가 아니라 군사회담의 자연스러운 결론으로서 비핵화를 논의할 수 있는 분위기가 조성될 것이다. 그럴 경우 비핵화는 고통스러운 타협이 아니라 추가적인 경제발전으로 향하는 필수적인 단계가 될 것이다.

궁극적으로 미군도 남·북 군사회담의 일부에 참여할 수 있다. 미군은 과거 한국전쟁에서 전사한 미군의 유해를 발굴하는 프로그램에서 보상비를 지급하고 북한의 협조를 받았다. 미국·북한 합동 조사단은 북한에서 1996년부터 2005년까지 33회에 걸쳐 공동 작업을 펼쳐 229구의 미군 유해를 발굴했다.

이 프로그램은 북핵 위기가 고조됨에 따라 미국 국내에서 조사단의 신변안전 문제가 제기되고 북한이 돈벌이에만 관심이 있다는 비판이 일면서 중단됐다. 그러나 그 후에도 유해 발굴작업의 재개를 위한 협상이 진행된 적이 있기 때문에 이 프로젝트는 신뢰구축의 유용한 수단이 될 수 있다. 14 어떤 경우에는 경제개발 프로젝트가 미군 유해가 묻혀 있는 장소를 훼손할 수 있다. 따라서 이 프로그램은 서두르는 게 좋다.

심지어 미국과 남·북한 군사대표가 참가하는 회담도 열릴 수 있다. 북한이 무용지물로 만든 판문점의 군사정전위원회가 아니라 더 새롭고 전향적인 논의의 장을 말한다. 그 같은 3자 군사회담은 규모가 큰 6자회담 같은 곳에서 나오기 힘든 혁신적인 접근법의 도출이 가능해 새로운 돌파구를 열 수 있다.

일단 협상 테이블이 마련되면 미군과 북한 인민군 사이의 군사회담을 촉진할 방안은 많다. 군사를 잘 모르는 중재자를 통하는 것보다 군이 직접 서로 대화하는 것이 훨씬 더 효과적이다. 그런 대화를 성사시킬 수 있는 길은 여러 갈래다. 한국전쟁 중 전사한 미군의 유해 발굴 같은 공식적인 신뢰구축 프로그램만이 아니라 더 넓은 안보 문제에 관한 솔직한 대화도 거기에 포함될 수 있다. 남한이 앞장서야 하지만 가능한 접근법은 그뿐이 아니다.

---

14 http://www.militarytimes.com/story/veterans/2016/03/24/north-korea-remains-military-veteran-war/82198880/

한반도의 통일은 개성에서 시작해야

남·북 교류에 가장 큰 타격은 2016년 2월 개성공단(開城工團)을 폐쇄한다는 박근혜 정부의 결정이었다. 북한이 개성공단 사업으로 벌어들인 경화(硬貨)를 핵무기 개발에 사용한다는 것이 폐쇄 이유였다. 공단 폐쇄로 인한 남·북 관계의 손실은 어마어마했다. 개성공단은 남·북 협력의 상징이었고, 그곳에서 생산된 고품질 제품은 남한 소비자들에게 인기 있었기 때문이다.

개성공단은 경제적으로 성공했고 그곳 공장에서 함께 일한 남·북한 직원들도 서로 사이가 아주 좋았다. 2010년 5월 천안함 폭침 후 남한 정부는 대북 무역과 투자를 금지했지만 현명하게도 개성공단은 예외로 규정했다.

한마디로 개성공단은 남·북한이 상호 이익을 위해 어떻게 협력할 수 있는지 잘 보여 주는 프로젝트였다. 남한의 자본과 기술이 북한의 근면한 인력과 결합한 이 공동 프로젝트는 2005년에서 2016년 사이 23억 달러어치의 상품을 생산했고 무역으로 94억 5천만 달러를 벌어들였다. 처음엔 2007년까지 남한 기업체 250개를 유치할 계획이었다. 사업이 확대되면 2012년께 북한 근로자 70만 명까지 고용할 것으로 기대되기도 했다.

그러나 남·북 관계의 악화로 목표를 달성하지 못하다가 급기야

주요 20개국(G20) 및 국제 금융기구 대표단 20여 명이 2013년 12월 개성공단을 방문해 신발 제조업체 생산라인을 둘러보고 있다. – ⓒ통일부

공단 폐쇄로 이제 그런 기회는 사라졌다. 그러나 개성공단은 지금도 그 자리에 있으며 그곳의 공장들을 재가동할 수 있는 돌파구가 열릴 가능성도 아직 남아 있다. 더구나 우리가 첫 번째 장애물만 무사히 통과한다면 북한에는 매력적인 투자 기회를 제공할 수 있는 제2, 제3의 개성공단이 될 만한 곳이 즐비하다.

남·북한은 그런 협력과 개성공단의 놀라운 성장을 이루겠다는 초기 야망을 되찾아야 한다. 북한이 변할 수 없다고 생각하는 사람은 김정일이 군부의 반발을 물리치고 DMZ에서 가까운 전선의 일부이며 북한의 남침 회랑(回廊)에 위치한 개성을 남한에 임대해 준 모험적인 행동을 다시 생각해 봐야 할 것이다. 김정일은 대규모 외국인 투자를 기대하고 삼성 등 남한 대기업에 북한 투자를 제안했다. 북한은 그런 식의 통 큰 행동이 가능하다. 김정일은 내부의 사정으로 그 뜻을 완전히 이루진 못했지만 만약 그가 충분한 초기 투자를 확보했다면 그 프로젝트는 규모가 더 커졌을 것이다.

남·북한에 지금 가장 필요한 것이 바로 신뢰정치(*trustpolitik*)다. 신뢰를 쌓으려면 우리는 자신의 실수에 관해 스스로에게 솔직해야 하고 최선의 방식을 모색하고 전진할 발판을 마련해야 한다. 개성공단은 한반도의 복잡하게 얽힌 문제들에서 대부분 자유로운 곳이었다. 남한의 단호한 결단을 통해 개성공단의 그런 지위가 재확립돼야 한다.

최근의 철수로 인해 남한 기업들의 공장 가동이 중단됐지만 남한 기업들은 북측에 '사업은 사업이며, 다시는 사업이 방해받지 않도록 하겠다'고 장기적인 약속을 할 필요가 있다.

남한 기업으로선 개성공단에 입주하면 매우 유리하다. 언어가 같아 소통이 쉽고, 문화가 같아 오해가 없다는 점이 상당히 매력적이다. 서울에서 가까워 물류도 큰 문제가 없다. 북한 근로자들은 학력이 높고 성실하지만 일자리를 찾기 어렵다. 북한에는 활용되지 않는 토지와 낡은 인프라나 공장이 많아 남한 기업에게 좋은 기회가 될 수 있다.

남한의 대기업이 아시아 전역, 특히 중국에선 곳곳에 공장과 사업체를 운영하면서도 맞붙어 있는 북한에는 사업체가 없다는 사실은 역설적이며 비극이다. 이런 상황은 반드시 바꿔야 하고 또 바꿀 수 있다. 그런 변화는 남·북한 모두에게 이익이 되며 무한한 기회를 제공한다. 북한의 인프라 건설은 남한 기업에 다른 어떤 사업 프로젝트보다 더 많은 기회를 줄 것이다.

그런 투자가 북한의 잘못된 행동을 보상해 준다는 비판도 있지만 그건 핵심을 놓친 지적이다. 물론 유엔 안보리 제재는 이행해야 한다. 그러므로 나가야 할 방향은 안보리 제재에 어긋나지 않으면서 개성공단을 활성화할 창의적인 방안을 찾는 것이다. 개성공단 프로젝트가 확장되면 북한이 남한과 외부 세계를 보는 눈이 달라져 우리가 다음 단계로 나아갈 여건이 갖춰질 수 있다.

금강산 관광특구도 다시 문을 열어야 한다. 2008년 한 관광객이 정해진 경로를 벗어나 북한군의 총격을 받아 사망한 뒤 폐쇄될 때까지 금강산을 찾은 남한 사람은 약 190만 명에 이르렀다. 그 사건은 비극이었지만 그곳을 폐쇄한 것은 누구에도 이익이 되지 않았다. 개성공단처럼 금강산 관광도 확장의 기회가 아주 큰 윈-윈 프로젝트였다. 우리는 더 큰 야망과 의욕을 갖고 이 사업을 다시 시작해야 한다. 어쩌면 금강산에서 진정으로 혁신적인 사업을 할 수도 있을지 모른다. 남한이 개성공단 프로젝트와 금강산 관광 사업을 재개하기를 진심으로 원한다는 것이 확실해지면 북한이 분명히 화답할 것이다.

김정은은 아버지와는 다른 차원에서 경제발전을 핵심 업적 사업으로 천명했고 주민들에게 삶의 질을 높이겠다고 약속했다. 그는 2013년 경제특구를 10여 개 지정했고, 2014년에도 10여 개를 추가했으며, 2015년에 두 개를 더 추가했다. 나선, 운정, 원산, 신의주는 성장의 중심지로 특별 지원을 받았다.

김정은 정권은 외국인 투자가 절실히 필요하다. 원산과 나선은 잠재력이 큰 도시이지만 지금까지 큰 주목을 받지 못했다. 이제 우리는 북한의 경제발전 열망을 역활용하는 포괄적인 제안으로 그런 사업에 접근할 수 있다. 10년 전의 논의와 달리 이번에는 상징적인 행동만이 아니라 실질적인 경제 혜택의 잠재력도 크다.[15]

북한은 경제적으로 중국에 의존하길 원치 않으며 중국의 현실적인 대안으로 남한을 생각한다. 김정은은 지금 괜찮은 제안을 찾고 있다. 따라서 남한이 유용한 제안을 할 수 있다면 그는 남·북 경제 관계를 확고히 구축하는 문제에서 아버지보다 한발 더 나아갈 가능성이 있다.

궁극적으로 남·북한은 통일을 공동의 목표로 한다. 통일로 가는 길에는 우리의 발목을 잡는 이념적, 제도적 장애물이 많을 것이다. 그러나 우리는 가능한 것부터 시작해 서서히 나아갈 수 있다. 개성공단이 좋은 모델이다. 북한의 새로운 경제개발 열의를 고려하면 개성공단을 재가동하고 확대하되 관련되는 여러 절차를 개선하자는 우리의 제안을 그들이 받아들일 가능성이 크다. 가능한 것부터 차근차근 시작해야 전진할 수 있다.

---

15 http://38north.org/2015/11/sez112315/

개성공단의 재가동만이 아니라 제2, 제3의 개성공단을 세우고 남한 사람의 북한 출장을 허용하는 새로운 협력 프로그램을 마련하겠다고 제안한다면 그들의 상상력을 자극해 우리는 그 다음 단계로 순조롭게 나아갈 수 있을 것이다. 김정은은 북한 주민에게 더는 허리띠를 졸라맬 필요가 없도록 하겠다고 약속했다. 남한의 도움이 있어야만 지킬 수 있는 약속이다.

북한은 앞으로도 상대하기 어렵고 때로는 짜증스러운 파트너가 될 것이다. 그러나 우리는 사소한 문제에 짜증을 내느라 장기적인 목표를 잊어버리는 실수를 범해선 안 된다. 그러기 위해선 비전과 헌신적인 노력이 중요하다. 단기적 이익이나 내일 아침의 신문 헤드라인에 초점을 맞춰선 안 된다. 이제 중국과 러시아는 새로운 관계를 구축하고 있다. 직접적인 당사국인 우리가 남·북 관계에서 그들에게 뒤질 순 없다. 문재인 정부가 직면한 과제는 한국이 북한 게임에 다시 참여하고 그 게임에서 주도권을 잡는 것이다.

결론

다음 단계로 나아가기

박근혜 대통령의 탄핵을 둘러싼 한국의 국론 분열이든 도널드 트럼프 미국 정부 내부에서 각종 정책과 방향을 둘러싸고 들리는 시끄러운 불협화음이든 간에 현재의 위기는 너무도 엄청나 어느 쪽으로 나아가야 할지 모르는 사람이 많다. 북한의 핵 프로그램을 종식시키기 위해 모든 이해당사국이 머리를 맞대는 6자회담이라는 다자간 외교로 돌아갈 길이 이젠 아예 없어졌다는 우려도 있다.

1994년 1차 북핵 위기 당시 로버트 갈루치 미국 북핵특사가 제네바 북미 기본합의를 성사시킨 시절은 말할 것도 없고 6자회담이 진지하게 펼쳐지던 시기와도 지금은 너무나 멀어진 느낌이다.

그러나 북한이 핵무기와 미사일 능력을 지속적으로 발전시키는 상황에서 동북아의 주요 국가들이 서로 더욱 멀어지도록 방치하는 것은 리스크가 너무 크다. 따라서 우리는 협상 테이블로 돌아가지 않을 수 없다. 다만 예전 방식을 답습해서는 안 된다. 하지만 우리가 10년 전이나 20년 전으로 돌아갈 수 없다고 해서 아무것도 할 수 없다는 뜻은 결코 아니다.

우리에겐 북한과 미래지향적으로 대화를 다시 시작해야 할 도덕적 의무가 있다. 그러나 이번은 예전과 접근법이 달라야 한다. 가장 작은 첫걸음에서도 진지함과 깊이를 확실히 보여야 한다. 상징적으로나 실질적으로나 우리의 목표는 역사적 결과를 바꾸는 것이다. 이번에는 대화가 정권 홍보나 단기적 사업 기회를 위한 공허한 의례가 돼선 안 된다.

우리는 문화의 힘을 최대한 활용해 향후 다자간 협상에 실질적인 진정성을 부여해야 한다. 그 대화에서 우리는 역사적인 합의를 이끌어 내고 또 실천함으로써 북한과의 단기적인 거래를 뛰어넘어 지금처럼 위협적인 시대에 동북아, 아니 어떤 면에선 전 인류를 위한 로드맵을 제시해야 한다.

여기서 언급된 프로젝트의 규모에 비하면 이 책은 너무도 간략하게 느껴질 수 있다. 그러나 나는 전례를 바탕으로 동아시아가 나아갈 방향에 관한 폭넓은 비전을 제시하면서 희망을 찾고 상상력을 자극하는 독창적인 접근법을 피력하려고 애썼다. 큰 그림의 비전을 그리면서도 때로는 캔버스에 좀더 가까이 다가가 단기적으로 또는 장기적으로 추구할 수 있는 구체적이고 세부적인 계획도 고찰했다.

이 프로젝트를 성공적으로 이끌려면 국내와 전 세계에서 작은 첫

걸음부터 시작되어야 하는 구체적인 행동 계획을 마련해야 한다. 또 그 계획은 우리에게 영감(靈感)을 주는 비전과 확고히 연결되어야 한다.

역사에서 좋은 본보기를 찾을 수 있다. 1797년의 미국 제헌의회, 1648년의 베스트팔렌 조약이 대표적이다. 서로 다른 관점을 가진 이해당사자들이 깊은 역사적 사명감을 갖고 치열한 협상을 통해 단순한 국익을 초월해 거버넌스의 성격이나 인권에 관한 근본적인 문제에서 합의를 도출한 예다.

그런 역사적인 순간은 공동의 체험과 보편적인 가치의 확인을 통해 높은 차원의 이해를 구체화시킨다. 그 과정의 참가자들이 잠시라도 자신의 한계를 초월해 문화적 창의성을 발현해 냄으로써 이 책에서 내가 그리는 미래를 실현시킬 수 있다. 그런 창의적인 접근법이 우리가 재앙을 피하고 지향하는 미래를 건설할 수 있는 유일한 수단이다.

우리는 이전의 시도에서 찾아볼 수 없었던 자신감과 통찰력을 갖고 아무리 작더라도 첫걸음을 떼야 한다. 여기서 '걸음'이란 순전히 비유적인 의미만이 아니다. 우리는 북한을 포함해 동아시아 국가들과 말 그대로 함께 '걸어야' 한다. 이 책의 앞부분에서 다룬 두 차례의 '평화 오디세이'와 다르지 않다. 외교적인 돌파구를 마련하려면 대화가 필수적이다. 그러나 개인적인 경험에서 볼 때 과거를 기억하고, 현재를 체험하며, 미래를 상상하면서 함께 걷는 것이 인류 공동체에 대한 깊은 이해에 입각한 진정한 합의를 도출할 수 있는 가장 확실한 수단이다. 또 그런 합의는 앞으로 수 세기에 걸쳐 동아시아의 바람직한 거버넌스로 나아가는 머나먼 여정의 출발점이 될 것이다.

다자간 외교의 성공은 장대한 비전만으로는 불가능하다. 지금까지 아시아의 통합과 관련해 유려한 표현으로 제시된 비전은 많았다. 그럼에도 우리는 이전보다 더 심각한 갈등과 난제에 봉착했다. 거대해 보이는 비전을 제시해야 한다는 조급한 마음에서 실질적이고 세부적인 전략과 실행 계획을 간과했기 때문이다.

그 원대한 비전이 정부의 조치와 사업 거래, 또는 시민의 일상활동 차원에서 실제로 어떻게 구현될 수 있는지가 더 중요하다. 장대한 비전이나 전략보다는 구체적이고 세부적인 실행 과정에 초점을 맞춰야 한다는 뜻이다. 동시에 그 과정은 영감에 바탕을 둬야 한다. 역사적인 의미와 문화적 권위를 부여해야 한다는 얘기다.

나는 동아시아에서 다자간 외교를 재개하고 이 지역의 고조되는 긴장 속에서도 6자회담 당사국들의 진지하고 솔직한 대화를 유도하기 위해선 '평화 오디세이'가 가장 이상적인 모델을 제공한다고 본다. 사실 이 지역에서 긴장이 고조되고 있다는 바로 그 이유 때문에 우리에겐 '6자회담 평화 오디세이'가 반드시 필요하다. 그런 자리에서는 당사국 사이의 모든 차원에서 의미 있는 대화와 진정한 포용이 가능하기 때문이다. 각국 대표단이 몇 시간 동안 함께 산길을 걸

거나 도도하게 흐르는 강가에 앉아 아무런 제한 없이 이런저런 주
제에 관해 이야기를 나누면서 서로를 알아 간다고 상상해 보라. 우
리가 그런 기회를 가질 수 있다면 서로 간에 새로운 친밀감과 신뢰
를 쌓아 동북아 지역의 평화를 모색하는 새로운 다자간 대화를 시
작할 수 있을 것이다.

첫 '6자회담 평화 오디세이'에서 북한 문제가 논의될 수도 있지만
그 사안이 반드시 초점이 될 필요는 없다. 첫 단계에서 무엇보다 필
요한 것은 참가자들이 당사국 사이의 관계에 담긴 역사적 의미를
이해하고 서로 자연스러운 대화를 시작하는 과정이다. 그런 대화가
나중에 더욱 심오한 합의로 이어질 수 있다. 이 과정에 북한이 처음
부터 참가할 수 있다면 더할 나위 없이 좋겠지만 그것이 '평화 오디
세이' 프로젝트 개시의 조건이 되어선 안 된다. 널리 호평 받을 수
있는 '평화 오디세이'를 여러 차례 개최하면서 분위기가 무르익으면
북한도 자연스럽게 참가할 수 있을 것이다.

가장 먼저 나는 '6자회담 평화 오디세이'에 학자들을 초청하고 싶
다. 그들이 당사국 대표단의 중재자로서 중요한 역할을 할 수 있기
때문이다. 학자는 정치인 · 정치 지도자들과 달리 정치적으로 민감
한 정서에 쉽게 휩쓸리지 않으며 동시에 창의적이고 통찰력 있는
토론에 외교관보다 더 적극적으로 참여할 수 있다. 따라서 그들이
소통의 물꼬를 트고 대화를 이끌기에 가장 적합하다. 또 그들은 방
문하는 유적지에 관해 역사적 · 문화적인 해설을 제공하면서 흥미

를 유발하고 대화의 폭을 넓힐 수 있다.

학자는 서로 공통점이 없는 사람들을 자연스럽게 역사, 문학, 철학에 관한 대화로 이끌어 새로운 아이디어 교류의 장을 마련할 능력이 있다. 정치인과 사업가는 경제와 기업 문제만 다루기를 좋아하는 경향으로 인해 그런 대화에 익숙하지 않을지 모르지만 주변의 장소에 얽힌 역사를 흥미롭게 설명하면 모두 깊은 관심을 가질 수 있다.

더구나 역사에 관한 이야기는 지정학적 이슈로 자연스럽게 옮겨갈 수 있다. 예를 들어 현재 고조되고 있는 미국과 중국 사이의 긴장을 한반도 삼국시대의 외교 사례에 빗대어 간접적으로 짚어 볼 수 있다. 1천 년 전의 사건이라 현재의 민감한 사안이 아니기 때문에 그런 역사적 이해는 기탄(忌憚) 없는 토론으로 이어질 수 있다.

예를 들어 신라와 백제 사이의 긴장을 이야기할 경우 현재의 상황에 대한 비유라는 것이 분명하더라도 아무도 불쾌하게 생각하지는 않을 것이다. 그런 재미있고 지적인 대화는 공식적인 회의의 외교적인 논의에도 긍정적인 영향을 미칠 수 있다. 더구나 끊임없는 토론은 참가자들 사이의 동료의식을 북돋울 뿐 아니라 토의되는 사안에 대한 일반적인 공감대를 형성함으로써 실질적인 진전에 도움이 된다.

특히 '평화 오디세이'에 북한 학자들이 참가할 수 있다면 상호관계 개선에서 전례 없이 좋은 기회가 생길 수 있다. 일반적인 외교 의례의 한계를 벗어나 진지한 교류가 가능하기 때문이다. 북한에도 학문적 깊이가 상당한 학자가 많다. 그들이 지정학적 이슈에서 흥미로운 시각을 제시할 수 있을 것이다. 그런 시각은 나머지 참가자들의 한반도 역사에 대한 이해를 돕고 북한 내부에서 세계가 어떻게 인식되고 있는지 엿볼 수 있는 기회도 제공한다. 학자는 속성상 정부 관료만큼 제약을 많이 받지 않기 때문에 자신의 전문 분야에 관해 심적 부담 없이 솔직하게 이야기할 수 있을 것이다.

'평화 오디세이'는 투입되는 시간에서 일반적인 외교와 확실히 다르다. 참가자는 일주일 정도 하루 종일 함께 지낸다. 사무실로 급히 돌아가거나 이메일을 확인할 수 없다. 가능하다면 전화기도 휴대하지 않는다. 그들은 방문하는 유적지를 주제로 서로 진지하게 대화하며 생각과 의견을 교류한다. 그런 과정은 정부 주관 행사에서 볼 수 없는 친밀한 분위기를 조성하고 동지의식을 북돋운다. 참가자들은 정부의 기본 방침에 매달리지 않고 새로운 사태 발전을 좀더 긍정적인 시각으로 평가할 수 있다.

예술가와 작가를 참여시키면 효과가 더 크다. 그들은 자신의 그림과 공연, 즉흥적으로 지은 시와 수필을 통해 때로는 재미있고 때로는 진지한 분위기를 조성할 수 있다. 어떤 면에서는 아시아의 문학외교 전통을 되살릴 수도 있다. 20세기 이전 시대에는 중국과 일본, 한국 외교관들이 만나면 동아시아의 공통 문자였던 한자(漢字)로 글을 써서 서로 의사를 전했다. 그렇다고 단순히 요구사항과 그에 대한 답변만으로 의사소통이 이뤄진 건 아니었다. 당시의 외교관들은 주로 시문(詩文)을 교환했다. 문학작품이 외교 과정의 필수적인 부분이었다.

예술가나 시인이 '평화 오디세이'에 참가하면 한반도의 분단 비극을 벽화나 연극, 시의 공동작품 주제로 삼을 수 있다. 그런 주제는 공식적인 외교 협상과는 별도로 다뤄져야 하지만 특별히 시간을 내어 모든 참가자를 단합시키고 영감을 주는 예술작품을 함께 창작하도록 유도하면 전체 과정에 긍정적으로 기여할 수 있을 것이다.

마지막으로 '평화 오디세이'에 학생들을 포함시키면 어떨까? 6개 당사국의 대학생이나 고등학생들이 성인들과는 별도의 모임을 갖고 구직, 교육개혁, 환경보호 등 그들의 주요 관심사를 논의하면 된다. 가능하다면 지정학적 이슈도 다룰 수 있을 것이다. 그들의 목적이 구체적인 합의를 도출하는 것은 아니지만 서로 친해지고 교류를 계속하다 보면 그들이 새로운 미래로 이어지는 중요한 연결고리가 될 수도 있다.

또 청년 그룹이 장년 그룹과 만나 의견을 교환하는 시간도 가질 수 있다. 그런 자리에서도 바람직한 결과가 나올 수 있다. 젊은이에게 자신의 아이디어를 찬찬히 설명하다 보면 자신의 사고 과정에도 큰 도움이 된다. 젊은이의 질문에 답하다 보면 새로운 잠재력에 눈을 뜰 수도 있다.

독자 여러분도 '평화 오디세이'에 어떤 식으로든 참여하는 방안을 고려해 보기 바란다.

이 책은 전문 외교관이나 정부 관리, 정치인을 대상으로 하지만 사실 나는 그들이 주된 독자라고 생각하지 않는다. 국가 간의 관계를 변화시키고 모든 차원에서 유기적으로 서로 이어 주는 촘촘한 문화의 천을 짜내는 과정에는 다양한 기술과 관심을 가진 많은 사람이 필요하다. 6자회담 당사국 고등학생들 사이의 스포츠 경기를 주선하든, 화가 교류를 위해 그림을 그리든, 우리 모두는 각자 할 수 있는 역할이 있다. 이런 과정은 모든 것을 아우르며 계속 진화해야 한다. 여러분의 창의성, 여러분의 통찰력, 여러분의 고유한 인맥이 변화를 이룰 수 있다. 더 나은 미래로 향하는 '평화 오디세이'에 합류를 권한다.

마지막으로 나는 6자회담에 직접 참석한 베테랑 외교관 세 명에게 경험과 통찰력을 이 책에서 함께 나눌 수 있도록 해달라고 부탁했다. 그들의 경험은 지금까지 우리가 그려 본 동아시아의 새로운 다자간 외교에 더없이 소중한 통찰력을 제공할 것이다. 특히 6자회담을 재가동하는 방법을 모색하는 데 큰 도움이 된다고 확신한다.

위성락 전 러시아 대사는 한국 측 회담 대표, 야부나카 미토지 외무성 국장은 일본 측 대표, 제임스 켈리 전 동아태 차관보는 미국 측 대표로 일했다.

제임스 켈리 James Kelly

전 미국 국무부 동아태 차관보로,
6자회담의 첫 미국 수석대표를 지냈다.

6자회담에서 중국은 여러 모로 중요한 역할을 했다. 특히 북한에 긍정적이든 부정적이든 중요한 인센티브를 제시함으로써 회담을 성사시키는 실력을 발휘했다.

흔히 언론은 6자회담의 분위기를 '3 + 3'이라는 이미지로 그렸다. 적어도 2003~2005년까지는 그랬다. 한편에 러시아·중국·북한이 있고, 다른 한편에 미국·일본·한국이 포진한 형태를 가리킨다. 그러나 현실은 전혀 그렇지 않았다.

6자회담의 실제 이미지는 '5 + 1'이었다. 북한이 검증 가능한 방식으로 핵무기를 폐기할 수 있도록 유도하기 위해 5개 당사국이 진지하게 방안을 모색했다는 뜻이다. 논의의 범위는 북핵 동결 합의로 제한됐고, 그로 인해 모든 당사국은 주로 핵무기를 보유하겠다는 북한의 강한 욕구에 초점을 맞췄다. 그들은 핵무기 이슈가 안보의 최우선 사안이라고 주장했지만 북한이 핵 프로그램을 포기하도록 할 만큼 충분한 인센티브는 거의 없었다.

6자회담의 성과라면 무엇보다 2005년 9월 19일 발표된 공동성명을 들고 싶다. 북핵 문제에 관한 실행 가능한 로드맵을 제시했기 때문이다. 북한이 핵무기를 포기하고 그 대가로 에너지와 경제를 지원받으며 미국과의 관계 정상화와 평화협정 체결을 추진한다는 내용이었다.

2004년 3차 회담을 계기로 핵 프로그램과 직접적인 관계가 없는 주제를 논의하기 위한 실무그룹이 구성된 것도 소중한 성과였다. 우리는 거기서 북미 평화협정의 가능성을 포함해 한반도의 영구적 평화체제 확립 문제를 다뤘다. 그런 논의는 향후 협상과 관계 개선의 새로운 지평을 제공했다.

6자회담에서는 한국 대표단이 모든 협상의 기본 방향을 제시했으며 미국 대표단은 그것을 긍정적으로 받아들였다. 그 과정에 직접 관여하지 않은 미국인들은 흔히 한국이 북한과의 협상에서 직접적인 이해당사국이라는 사실을 간과한다. 그러나 한국 대표단은 쟁점 사안을 정확히 파악했고, 다른 당사국들과 달리 그 문제의 해결에 열의를 갖고 전념했다.

물론 한국 정부의 북한에 대한 태도는 정권에 따라 일관성 없이 극과 극을 오갔다. 때로는 지나치게 엄격하고 때로는 지나치게 관대했다. 한국으로서는 북한이 국내 정치 이슈이기도 하기 때문에 북한 문제는 언제나 어렵고 까다로울 수밖에 없다. 그러나 적절한 균형을 찾는 것이 열쇠다. 불행하게도 한국 정치의 좌우 대립과 분열이 심화되면서 그 균형을 유지하기가 갈수록 어려워지는 듯하다.

향후의 다자간 협상에서는 규모가 더 작은 실무단이 도움이 될 수 있다. 혁신의 여지는 많다. 미국과 국제 정치 양측에서 북한 인권 문제가 중요해지면서 상황이 더욱 꼬였다. 유엔 북한인권조사위원회의 설득력 있는 "북한 인권실태 보고서" 덕분이다. 아마도 미국은 인권 문제를 다루는 실무단의 설립을 원할 가능성이 크다. 그럴 경우 인권은 북한 정부가 아주 민감하게 반응하는 문제이기 때문에 자칫 모든 협상이 중단될 수 있다. 하지만 개인적으로 나는 본질적인 이슈를 다루면서 인권 문제도 함께 논의할 여지가 있다고 생각한다.

향후 협상을 생각할 때 이제는 북한이 핵 프로그램을 포기할 의향이 없을 것이라는 점이 분명해졌다. 북한은 헌법에서 자국을 '핵보유국'으로 명시하며 핵 · 경제 병진 사상을 항구적인 전략으로 채택했다.

하지만 북한은 여전히 식량과 연료, 자금의 조달을 외부 세계에 의존한다. 따라서 아직은 우리가 영향력을 행사할 부문이 남아 있다. 현재 그 자원의 거의 전부는 어떤 식으로든 중국에서 나온다. 북한의 그런 외부 의존성은 의미 있는 개혁을 촉진하는 수단이 될 수 있다. 북한은 이미 내부적으로 변화를 시도하고 있다. 장마당이 활성화되고 미디어 소비도 늘어난다. 따라서 '이웃나라 중국과 한국은 부유한데, 자신들은 가난하다'는 사실을 북한 주민들이 확실히 인식하는 것이 변화를 유도할 수 있는 최대의 인센티브가 될 수 있다.

새로운 6자회담을 시작하려고 하면 일본은 어떤 식으로든 참가해 자국민의 납북 사건에 초점을 맞출 것이다. 그런 점이 상황을 복잡하게 만들지만 사실 장애물은 결코 아니다. 중국은 2002년 이전엔 다자간 회담의 참가를 꺼렸지만 지금은 누구보다 적극적이며 결의도 강하다. 처음엔 중국이 관심을 보이지 않는 가운데 장쩌민 주석이 외교부에 지시를 내림으로써 6자회담이 시작된 것 같다. 그러나 회담이 공식적으로 시작되자 중국 지도부는 이 다자간 협상 장치가 자신들의 새로운 글로벌 리더십 역할을 만방에 알리는 효과적인 수단이라고 믿게 됐다. 지금도 중국은 6자회담의 재가동을 적극 지지할 것이다.

만약 미국과 한국이 진지하게 6자회담을 시작하겠다고 결심한다면 러시아와 일본을 참여시키는 것은 어렵지 않을 것이다. 따라서 현시점에서 이 게임에 북한을 다시 참여시킬 수 있는 인센티브를 찾는 것이 관건이다. 쉬운 일은 아니겠지만 불가능한 것도 아니다. 실질적인 인센티브가 필요하다. 앞서 말했듯이 북한의 외부 세계 의존이 열쇠가 될 수 있다.

원래의 6자회담에서는 모든 세부사항을 중국이 도맡았다. 그들은 베이징의 댜오위타이 국빈관에 6자회담 전용 시설을 마련했다. 그때 중국이 제공한 메모지와 연필이 아직 내게 남아 있다. 중국은 세세한 부분 하나 하나에 꼼꼼히 신경 쓰면서 멋진 회의장도 제공했다. 중국이 그처럼 세부적인 관리에서 뛰어나다는 사실이 회담 진행에 큰 도움이 됐다. 중국은 막전과 막후 별도의 양자회담을 위한 시간과 장소도 배려하는 등 모든 면에서 회담이 순조롭게 이뤄지도록 만전을 기했다.

2002년부터 2004년까지 6자회담은 사전에 예고된 본회의를 중심으로 진행됐다. 그러나 그 전후에는 필요에 따른 양자회담을 융통성 있게 가질 수 있었다. 중국은 그런 별도의 양자회담을 위해 호텔부터 대사관까지 다양한 장소를 제공하며 최대한 협조했다.

미국 대표단은 회의가 끝날 때마다 보고서를 작성해 본국으로 보냈다. 처음 몇 차례 회담에서는 미국의 입장을 두고 정부 내부의 견해가 심하게 엇갈렸다. 6자회담 자체의 가치 여부가 도마에 올랐다. 미국의 입장은 워싱턴의 복잡하고 까다로운 검토와 승인 과정을 거쳤다. 그처럼 입장을 정리하는 일이 힘들었기 때문에 회담이 열릴 때마다 융통성을 발휘할 여지가 별로 없었다. 그러나 회담이 계속 진행되면서 그런 문제는 점차 줄었다.

우리는 누가 무슨 말을 누구에게 했는지 정확히 기록해 그날 밤 바로 워싱턴으로 보냈다. 거기엔 장외의 논의 사항도 포함됐다.

북한은 예기치 않은 순간의 발언으로 신호를 잘 보낸다. 그들이 중요한 제안을 하려고 한다는 느낌은 확실했다. 하지만 언제 그 제안이 나올지 예측할 수 없었다. 북한은 공식회의 석상에서만이 아니라 식사 도중이나 리셉션에서도 불쑥 그런 발언을 할 수 있었다.

미국에서는 6자회담이 '사기극'이라는 비판이 있었다. 하지만 그건 아니었다. 물론 북한이 핵을 포기할 가능성은 언제나 희박하지만 회담이 가식에 불과한 것은 결코 아니었다. 나머지 당사국들은 회담에 적극 참여하면서 진지한 입장을 취했다. 그중에서도 특히 한국과 일본 대표단이 아주 진지하게 회담에 임했다.

앞으로 회담이 재개된다면 사람들이 인권 같은 현재의 우려는 일단 제쳐 두거나 별도의 논의 주제로 생각하도록 설득해야 한다. 그런 설득은 결코 쉬운 일이 아니다. 게다가 자금 투입이 필요한 '당근'을 제시하는 것은 더욱 어려울 것이다. 지금의 미 의회 의원 대다수는 북한에 경제적 인센티브를 줄 생각이 전혀 없다. 그들은 북한과 거래하는 해외 기업조차 제재하려고 한다. 인센티브와 관련해 일본과 한국을 설득하기도 이전보다 더 어려울 것이다. 그러나 북한의 태도는 달라지지 않았다. 북한은 먼저 당근을 받으면서 시스템을 유지한 뒤 나중에 문제를 생각하길 원한다.

근본적인 구조 변화 없이는 향후 4년 안에 해결할 수 없는 문제다. 현재 미국의 도널드 트럼프 정부는 북한 문제를 잘 모른다. 그러면서도 그들은 그보다 더 큰 이슈에 관심이 있는 듯이 말한다. 미국의 진정한 전문가들이 이 문제에서 완전히 배제된 상태다.

워싱턴에는 남의 공로를 가로채거나 이념적인 이유로 중요한 구상을 가로막으려는 사람들이 늘 있다. 바로 그들이 이처럼 중요한 협상을 지연시키고 고통스럽게 만든다.

위성락 魏聖洛

전 러시아 대사로,
6자회담 한국 수석대표를 지냈다.

6자회담에 대해 말한다면 단합과 조율된 접근을 강조해야겠다. 국내적으로 단합된 입장이 중요하고, 협상에 참여하는 동맹국 또는 우방 간 단합도 대단히 중요하다. 한국 사회가 특정 정책을 중심으로 뭉쳤을 때 그런 내적 단결을 토대로 강력한 추진력을 발휘했다. 한·미·일이 명확한 의견 일치를 보는 순간 중·러에 접근하는 강력한 플랫폼이 구축돼 국제적으로 조율된 대북 접근법을 마련할 수 있었다. 따라서 단합은 중요한 요소였다. 단합이 있었을 때 북한과의 대화가 성공적이었다. 그러나 단합이 없었을 때는 힘을 발휘하지 못해 소기의 성과를 얻지 못했다.

또 회담 참가국들이 협상 의제와 관련해 상당한 유연성을 발휘했을 때 큰 성과가 있었다. 특정 협상국이 독단적인 접근법에 얽매일 때 협상 효율이 떨어졌다. 우리 모두가 유연한 태도를 보일 때 긍정적인 회담 분위기가 조성되면서 탄력이 붙었다.

회담 포맷과 관련하여 6개국 모두가 참여하는 협상에서 포괄적인 접근을 해야 분명 실질적인 돌파구를 열 수 있지만, 다른 한편으로는 참가자가 그렇게 많을 때는 합의를 이루기가 힘든 점도 있다. 대북 협상에선 소자 간(小者 間) 접근법이 상당히 효과적일 수 있다. 북핵 문제는 성격상 한국·미국·일본·중국·러시아에 직접적으로 영향을 미치는 다면적인 정치 문제다. 6자회담 포맷은 일리가 있지만, 운영 측면에선 어려움이 따를 수 있다는 말이다.

북한에 대한 중국의 지정학적·전략지정학적(geostrategic) 이해를 살펴보자. 현재 중국의 당면 지정학적 이해는 그들의 국제적 비확산 지지 입장과 충돌한다. 중국은 국제적 비확산 입장을 지지하지만 또한 북한을 더 고립시키는 '비합리적인' 요구를 피하려 한다. 북한이 비확산에는 전혀 관심이 없기 때문에, 결과적으로 중국은 동북아 지역 내 북한 핵무기 증가를 간접 지지하는 셈이 된다.

참가국이 저마다 자국에 비확산 원칙보다 더 중요한 전략지정학적 이해를 갖고 있다는 데 6자회담의 어려움이 있다. 우리의 희망은 6자회담에서 비확산에의 관심을 극대화하고 지정학적 우려를 최소화한다는 것이다.

나는 6자회담에서 국가 간 단합을 계속 강조해 왔다. 우리의 첫 걸음은 한·미·일 간 의견 통일이었다. 그 뒤 중국·러시아에 접근했다. 그 과정에서 중국과 러시아의 전략적 관심사가 상당히 다르므로 이를 감안해야 한다는 사실을 잘 알게 되었다.

한·미·일 3국 간 의견 통일을 이루는 데도 상당히 유연한 자세가 필요했다. 북한의 도발에 직면했을 때 3국이 협력해 모두가 지지하는 응징 조치를 내놓아야 했기 때문이다.

그러나 3국 간 협력은 종종 중국·러시아 측의 우려를 촉발하였는데, 그들은 3국이 취한 특정 행동의 지정학적 영향을 우려했다. 북한 행동에 대한 우리의 대응조치는 번번이 중·러의 우려라는 악순환을 촉발했다. 그래서 우리는 북한의 잘못된 행동에 대한 응징 조치를 필요로 하면서도 동시에 중국과 러시아 측의 지나치게 방어적인 반발을 촉발하는 건 원하는 바가 아니었다. 한·미·일의 단합을 공고히 하는 한편 중국·러시아의 반발을 어떻게 최소화할 것인지를 고통스러운 경험을 통해 익혔다.

둘째로, 압력과 마찬가지로 대화는 회담을 진전시키는 일종의 수단으로서 항상 중요하다. 도발이 있는 한 압력을 가할 필요가 존재한다. 그러나 협상 가능성을 배제할 경우 북한을 대화로 끌어들일 수 없고 중국과 러시아는 이런 상황에 동조하지 않는다. 대화와 협상은 항상 필요하며 중국과 러시아를 이 과정에 끌어들여야 한다. 어떤 일이 있어도 협상 문호를 닫아서는 안 된다.

6자회담의 역사를 돌아볼 때 양자간(兩者間) 협의, 공식회담 전의 막후 협의가 가장 효과적인 작업이 이루어진 장이었다고 본다.

6자회담은 국제적으로 주목받는 공식적 행사장이다. 그러나 실질적인 돌파구는 그런 막후의 다자간 또는 양자 간 회담에서 마련됐다. 비공식 회담, 일상적인 대화, 양자·삼자 간 또는 다자간 협의 등 모든 수준의 대화가 필요하다. 공식 6자회담에 이 같은 다양한 교류를 결합할 때 가장 효과적이었다고 생각한다.

6자회담을 돌아볼 때 북·미 간 회담이 6자회담 진전에 가장 중요했다고 생각한다. 장차 양자회담에서 많은 문제를 다룰 수 있으니 북·미 간 양자대화를 모색하는 것이 좋다.

김정은 체제 아래서 북한 도발이 증가했다. 모든 대북 관계가 적대적·돌발적·신경질적인 환경이 됐다. 그런 분위기라고 해서 대화와 협상이 소용없다고 보지 않는다. 전쟁 상황에서도 막후 대화 채널이 필요하지 않은가? 그것이 엄연한 현실이다.

대화는 엄청난 가치를 지닌다. 다양한 정치적 행동과 여러 가지 당근과 채찍의 구체적인 결과물은 결국 대화의 장에서 수확된다. 결과적으로 소기의 결과를 도출하려면 테이블에 앉아야 한다.

북한 측과 비공식 협의를 하기는 쉽지 않았다. 가끔씩 만찬 자리가 있었다. 6자회담이 한창일 때 만찬자리 또는 술자리에서 북한 대표들과 대화할 기회가 많이 있었다.

북측 6자회담 대표 리용호와의 회동(會同)이 기억난다. 리용호는 당시 북한 외교성 부상이었고 지금은 외무상이다. 베이징에서 회담 후 만찬을 했다. 근사한 만찬을 하는 동안 두 사람 간의 거리를 어느 정도 좁힐 수 있었다.

술자리도 가졌다. 사전에 그가 어떤 주류(酒類)를 선호하는지 약간의 조사를 했다. 당시 리용호 부상이 런던에 대사로 주재하였으므로 중국이나 한국 술보다 위스키를 선호했음을 알아냈다. 그러나 중국 레스토랑에 예약할 때 주류 메뉴에 위스키가 있는지 확인했지만 안타깝게도 없었다. 우리가 위스키를 구해서 가져가야 했다.

이는 외교에는 중요했지만 간단한 일이 아니었다. 베이징 대사관에 연락해 위스키를 조달해야 했다. 결국 좋은 위스키 두어 병을 가져와 음식점 측에 미리 상황을 설명해야 했다. 우리는 대화를 나누면서 위스키를 몇 잔 마셨고 그것이 협상 진전에 큰 도움이 됐다.

야부나카 미토지 藪中三十二

일본 외무성 아시아대양주 국장으로,
6자회담 일본 대표를 지냈다.

6자회담은 북핵 프로그램을 막지 못했고, 북한은 핵무기 개발을 계속 밀어붙여 실험을 실시했다. 결국 국제사회가 할 수 있는 일은 별로 없었다. 새로운 시도를 하기 전에 먼저 자신의 실패를 인정해야 한다.

그렇다면 이제 무엇을 해야 할까? 다시 북한과 대화를 시작해야 한다는 주장이 있다. 궁극적으로는 그렇게 해야 한다고 생각한다. 대화가 없이는 어떤 발전도 없기 때문에 북한을 끌어들여야 한다. 따라서 먼저 북한과 어떤 형태로든 대화를 시작해야 한다.

둘째, 북한으로부터 핵실험과 미사일 발사를 중단하겠다는 분명한 언질을 받아내야 한다. 그리고 우리도 결과적으로 북한이 핵무기를 폐기하는 환경을 조성할 수 있도록 우선순위를 정해야 한다. 의미 있는 방안을 제시하려는 의지가 있어야 한다. 따라서 그 목표를 위해 다른 타협안을 받아들일 만큼 진지한 자세가 필요하다. 그 대가로 북한으로부터 행동을 자제하겠다는 명확한 언질을 받아 내야 한다. 현재로선 어떤 합의도 이뤄지지 않았다.

따라서 진지하고 구속력 있는 회담을 할 준비가 됐다는 신호를 보내야 한다. 양측에 의사가 있는지 타진해야 한다. 그 과정에서 약간은 자존심이 상하더라도 감수해야 한다.

셋째, 북한과 그런 토론과 협상을 시작하기 전에 먼저 한국·미국·일본·중국·러시아 등 국제사회의 주요 당사자 사이에 더 심층적인 대화가 필요하다. 먼저 어떤 이슈를 다루고 싶은지, 그리고 어떻게 다룰 건지 논의해야 한다. 우리가 의견을 모으지 못하면 큰 진전을 기대하기 어렵다.

모든 대북 논의가 진지하도록 해야 한다. 참가자가 회담을 진지하게 받아들이지 않을 경우 어떤 의미 있는 결과도 얻지 못한다.

지역안보에 관한 중국과의 논의가 그런 회담의 첫걸음이 돼야 한다. 그래서 동북아의 공동 비전을 떠받치는 토대를 구축하도록 해야 한다.

그러나 6자회담 같은 시도를 다시 하려면 무엇보다도 전체 시스템을 업그레이드해서 우리의 행동이 과거 수준을 뛰어넘는 진정성을 갖도록 해야 한다. 이것이 또 다른 외교 의례라는 인상을 북한에 주지 않아야 하고, 한없이 늘어지는 또 하나의 결론 없는 회담이라는 생각을 중국이 갖지 않도록 해야 한다.

언제 어디서 회담을 갖느냐보다 이번 협상이 정말로 진정성을 지닌 협상이라는 것을 어떤 신호, 어떤 노력으로 세상에 명확하게 알리느냐를 더 고민해야 한다. 얄타 회담 또는 유엔 헌장으로 이어진

1945년 샌프란시스코 회의 같은 역사적인 의미를 지닌 회의임을 알려야 한다.

특히 북한과 중국이 이번 대화의 역사적인 의미를 인식하기 바란다. 일본의 현 아베 정부도 적극 호응해 그런 대화에 대단히 진지한 자세로 임할 것이라고 본다. 문제는 그런 제안에 어떻게 의미와 영감을 불어넣느냐는 점이다.

맺음말

이타카의 왕 오디세우스는 목마(木馬)를 만드는 기발한 아이디어로 트로이전쟁을 승리로 이끄는 결정적 기여를 한 뒤 배에 오르지만 그의 귀향길은 순조롭지 않았다. 지리적으로는 에게해만 건너면 되는 거리였음에도, 그는 식인괴물의 포로가 되기도 하고, 마녀의 정부가 되기도 하며, 심지어 저승에까지 다녀오는 모진 역경을 딛고서야 10년 만에 이타카 땅을 밟을 수 있었다. 고국에 도착해서도 그의 모험은 끝난 게 아니었다. 그가 죽었다고 믿고 그의 재산과 아내 페넬로페를 차지하고자 한 100여 명의 구혼자들을 처치해야 했다.

오디세우스의 귀향이 그토록 험난했던 것은 그가 이룬 화려한 승리의 대가였다. 오디세우스라는 이름의 어원이 '미움받는 자'라는 사실이 함의하듯, 온갖 다양한 신들의 비위를 맞추기가 쉽지 않았던 것이다. 어떤 신의 마음에 드는 행동은 다른 신의 부아를 돋우기

일쑤였으며, 목숨을 노리는 괴물을 가까스로 물리치고 나면 그 괴물의 아버지인 신의 분노와 저주가 쏟아지곤 했다.

어쩌면 그의 귀향이 10년이나 걸렸던 것은 '해피엔딩'을 위한 불가피한 '선택'이었을지 모른다. 만약 그가 트로이를 멸망시킨 뒤 곧바로 개선했다면 수많은 (이해관계가 복잡하게 얽힌) 신들의 질시와 노여움을 한 몸에 받아 비참하게 죽었을 가능성이 높다. 그렇게 됐다면 그의 왕국 이타카 역시 트로이와 비슷한 운명을 맞이했을 것이다.

'평화 오디세이'라고 이름 붙인 두 차례의 답사 프로그램으로 북·중, 북·러 국경지역을 돌아보면서, 나는 한반도 평화 역시 오디세우스의 여정만큼 먼 길을 돌아서 가야 도달할 수 있을 것이라는 생각을 다시 하게 됐다. 가진 게 아무 것도 없던 대한민국이 기적에 가까운 고도성장을 이뤄 선진국의 문턱을 넘어섰지만, 분단 상황을 극복하고 평화통일을 이루기에는 신들의 변덕만큼이나 변화무쌍한 국제정세 속에서 우리의 처지가 오디세우스와 크게 다르지 않기 때문이다. 게다가 핵과 미사일 개발에 열을 올리고 있는 북한이 신들의 보복을 이겨냈다고 오만을 떨고, 그래서 오디세우스의 귀향길을 더욱 험난하게 만들었던 아이아스의 모습과 겹치는 느낌을 지울 수 없어 더욱 그렇다.

북핵과 미사일 문제는 분명 한반도 평화를 위해 선결돼야 할 가장 중요한 문제지만, 서두른다고 해결될 일이 아닌 것 역시 분명한 사실이다. 우리는 그동안 급한 마음에 실을 바늘귀에 꿰지 않고 바늘허리에 묶어 꿰매려 했던 우(愚)를 수없이 범했다. '당근'이건 '채찍'이건 뭐든 단박에 해결책이 나오기를 기대했고, 그러리라 믿었다. 당근이 아니다 싶으면 바로 채찍을 꺼내 들었다가, 그것도 아니다 싶으면 또다시 버려두었던 당근을 내밀었다.

하지만 현실세계에서 알라딘의 마술램프는 없다. 냉정한 국제정치 현실 속에서의 오랜 경험은 우리에게 역설적으로 오디세우스의 길이 더욱 빠른 해결책이 될 수 있음을 말해 준다. "급할수록 돌아가라"는 옛말이 다른 의미가 아니다. 우리뿐만 아니라 서양에도 똑같은 속담이 있다. "천천히 서두르자"는 뜻의 라틴어 속담 "Festina lente"가 그것이다. 무작정 서두른다고 이루어지는 것이 아니며 복잡하게 꼬였을수록 하나하나 차근차근 풀어 가야 한다는 게 동서고금을 막론한 불변의 진리인 것이다.

돌아가야 할 이유는 또 있다. 북핵 문제가 오늘날 국제사회의 뜨거운 문제로 다시 대두되고 있지만 전 지구적 차원에서 바라보면 북핵만큼이나, 또는 그 이상으로 시급한 문제들이 산적해 있다. 기후변화에 대한 합의나 글로벌 거버넌스 문제는 말할 것도 없고, 인공지능(AI), 드론 문제처럼 갑작스럽게 현실이 돼 버린 문제들까지 다양한 이슈들이 존재한다. 이런 것들을 '6자회담' 당사국들과 동북아 국가들이 함께 고민하면서 서로의 친밀감과 신뢰를 쌓아 나간다면 북핵 문제에 접근하기가 보다 용이할 것이다.

거기에는 정상회담이나 6자회담 같은 공식적, 외교적 차원을 넘어 젊은 세대들의 교류와 도시들 사이의 협력, 역동적인 문화예술 교류, 역사 공동연구 등 다양한 분야와 다양한 차원의 대화가 가능할 것이다. 그와 같은 상호 이해와 협력은 동북아 공동체(현재 지구상에서 유일하게 지역 공동체가 없는 곳이 동북아다) 건설로 이어질 수 있으며, 그 과정에서 자연적으로 북한 문제에 대한 해법이 도출될 것이다. 동북아의 평화와 번영은 한반도 문제를 슬기롭게 풀어내는 과정에서만 이루어질 수 있기 때문이다.

북핵 문제에 있어 이처럼 다양한 주제의 대화와 토론을 통한 포괄적 해법이 당장은 우회하는 것처럼 보여도, 사실은 보다 빨리 목적지에 도착하는 길이라고 나는 생각한다. 그러한 포괄적 해법에 대한 비전을 제시하는 것이 이 책의 목표이기도 하다. 이 책은 두 차례에 걸친 '평화 오디세이' 행사를 통해 얻은 체험과, 지난 몇 년간 국내외 언론 기고와 강연들을 통해 제시한 나의 한반도 평화 비전의 편린들을 묶은 것이다. 그러한 과정에서 일일이 거명할 수 없이 많은 분들의 도움을 받았다.

감히 집대성(集大成)이라고는 말하지 못하겠다. 이 책은 전문적인 학술서가 아니고 지난 30여 년간 역사의 흐름을 지켜보며 고민하고 때론 정책 결정에 동참하기도 했던 한 관찰·분석가의 중간 결산서 성격을 띠기 때문이다. 요즘 한반도를 둘러싼 국내외 상황이 워낙 엄중한 만큼 한반도 평화를 다시 한 번 생각해 볼 수 있는 화두로서 부족한 생각이나마 제시해 보는 것이다. 특히 지금은 미국과 한국 모두 출범 초기의 새 정부를 가진 상황이기에 더욱 그렇다.

오늘의 한반도 정세는 전운이 가득하다는 표현이 과장이 아닐 만큼 너무 유동적이고 예측 불가능해서 여기 제시된 비전과 문제해결 방안이 당장은 실현 가능성이 없어 보일 수 있다. 그러나 여기 제시된 비전과 방안들은 언젠가 조건이 갖춰지면 가야 하고 또 갈 수 있는 긴 시야의 방향이다. 나는 그런 날이 생각보다 빨리 오리라고 낙관한다.

이 책은 원래 영문판을 먼저 썼다. 한반도 평화를 모색하는 데 우리의 의지 못지않게 주변국들의 관심과 이해관계가 대단히 중요하기 때문이다. 하지만 한반도 평화의 실마리를 찾아 나서기에 너무나 진영 논리에 매몰돼 있는 국내 현실 역시 사고의 전환이 필요하다는 생각에서 한글판을 먼저 내놓는다. 짧은 시간에 우리말로 옮기다 보니 다소 어색한 표현이 있을 수 있는데 모두 저자의 부족함 탓이다. 깊은 혜량 바란다.

출판을 선선히 맡아 주신 나남 조상호 회장께 특별한 감사를 드린다.

경청에서 얻은 '나라를 위한 10가지 소망'

2017. 2. 8, 원광학원 강연

여러분, 안녕하십니까. 오늘 귀한 자리에 초대해 주셔서 대단히 감사합니다. 21세기 문화의 시대를 이끌어 갈 인재 양성을 위해 온 힘을 쏟고 계신 존경하는 김도종 총장님과 교직원분들의 정성과 노력에 진심으로 감사의 말씀을 드립니다.

이 자리에서 무슨 말씀을 드릴까 많은 고민을 했습니다.

"지덕겸수(知德兼修) 도의실천(道義實踐)."

"인류 발전에 필요한 이론을 연구, 교수하고 덕성을 함양하고 도의를 실천하고 사회에 봉사하는 인재를 양성함을 목적으로 한다"라는 원광대학교의 교훈을 제 나름대로 이렇게 풀어 보았습니다. "시대를 정확히 관통하는 지혜와 덕성을 겸비하고 미래를 열어 가는 창의적인 실천가가 되도록 노력하는 것"입니다.

시대를 관통하며 극복해 나가는 지혜는 어디에서 나올까요? 그것은 바로 경청(傾聽)을 바탕으로 나온다고 생각합니다. 경청. 기울 경, 들을 청. 경청은 단순히 듣는 것이 아닙니다. '몸을 낮추고 귀를 기울여 마음을 열고 듣는 것'입니다. 경청하지 않고 시대의 정신을 읽을 수 없음을 절감합니다.

오늘은 제가 그 동안 시대의 변화를 위해 나름의 소신으로 밝힌 '제 3의

개국'이나 '매력국가론', '남북문제'에 대해 많은 이야기를 하지 않으려
합니다. 대신, 절박한 시대인 만큼 여기저기서 나오는 수많은 의견과 바
람을 말씀 드리고자 합니다.

　교육 현장에 계신 여러분들께서 이 시대를 관통하고 미래를 열어 갈 실
천가를 교육하는 데 미력이나마 도움이 되는 자료가 되길 희망하면서,
제가 경청을 통해 듣고 느낀 이 시대의 요구를 공유하고자 합니다. 그리
고 여러분의 이야기도 들으려고 합니다.

저는 요즘 〈중앙일보〉와 JTBC에서 진행하는 국가 개혁 프로젝트 '리셋
코리아'를 비롯해서 여러 학자·전문가들과의 만남을 통해 많은 이야기
를 듣고 있습니다.

광화문광장의 촛불집회와 서울광장의 태극기집회를 보면서 많은 반성과 함께 서로 다르지만 함께하는 길을 찾지 않으면 안 되겠다고 생각했습니다. 많은 국민들이 여러 가지 이유로 분노를 감추지 못하고 광장으로 나왔습니다. 분노하는 것도 필요하지만 분노한 다음 날이 더 중요하다는 말이 있습니다. 분노의 열기를 하루빨리 상생과 번영의 활력으로 전환시켜 새로운 국가를 만들어야 한다고 생각했습니다.

올해는 외환위기 20주년이 되는 해입니다. 기업과 자영업자, 서민, 청년, 노인분들은 외환위기 이후 요즈음이 가장 어렵다고 합니다. 현대 사회의 메가트렌드는 정보화, 세계화, 다양화로 요약됩니다. 세상은 '개방적 유연사회'로 변모되어 왔습니다. 그 결과, 어느 기업가의 말처럼 '넓은 세계에 할 일도 많아야' 하는데, 오히려 '넓어지는 세계에서 할 일이 줄어드는', 그래서 삶이 점점 더 고통스러워지는 역설적 현상에 직면하고 있습니다.

여기에다 한반도를 둘러싼 국제 정세는 근래 들어 매우 엄중해지고 있습니다. 나라 안팎으로 위기가 중첩되어 태풍처럼 휘몰아칠 듯한 실로 비상시국, 대위기 국면이라 하지 않을 수 없습니다.

어떻게 하면 이 엄청난 위기 국면을 넘어설 수 있을까. 그러려면 근본부터 바뀌어야 되는데 도대체 우리는 무엇을 하고 있나. 근심은 깊어 가고 불면의 밤도 많았습니다. 그래서 대한민국 바로 세우기의 지혜를 얻고자 원로분들과 여러 분야 전문가들의 견해를 들었습니다. 또 많은 사람들을 만나서 경청에 경청을 거듭했습니다.

오늘 저는 경청의 내용 가운데 국민의 소망을 10가지로 개괄하여 소개하고자 합니다.

국민의 소망 가운데 첫 번째는, 여야 대선 주자들을 비롯한 정치 지도자
들이 한자리에 모여 나라의 장래에 무엇이 필요한지 진지하게 대화하고,
나라를 위해 실천하는 모습을 보는 것입니다.

　현란하고, 때로는 국민을 현혹하는 공약 제시보다 더 급한 게 있습니
다. 여야 모두 필요성을 인정하는 몇 가지 중요한 이슈에 대해서는 대선
일정과 무관하게 2월 국회, 3월 국회에서 법안으로 처리하는 것입니다.
국민은 말보다 실천을 보고 싶어 합니다. 예를 들면 4차 산업혁명에 대비
한 신산업의 규제철폐 및 육성방안 등 몇 가지라도 행동으로 옮기는 정치
력을 발휘해야 합니다.

두 번째, "개헌과 대연정으로 대통합을 이루어 국가 시스템을 바로 세워
야 한다"는 의견이 많았습니다. 독일이 강한 것은 히든 챔피언보다 예측
가능한 나라를 만든 연정 시스템 덕분입니다. 영국은 제2차 세계대전을
승리로 이끌기 위해 연정을 했습니다. 미국 에이브러햄 링컨 대통령이
라이벌뿐 아니라 자신을 조롱한 인물까지 내각에 기용한 용기를 배워야
합니다.

세 번째, "대통령 권력을 나누는 개혁을 해야 한다", 그 가운데 "총리와
내각에 인사권 등 많은 권한을 할양하는 조치가 필요하다"고 많은 분들이
의견을 모았습니다. 조선 시대에도 임금께 간언하는 언관(言官)과 공정

한 인사를 위한 삼망(三望) 제도 등 훌륭한 시스템이 작동했습니다. 소통을 위해 구중궁궐 같은 청와대도 개조해야 합니다. 백악관처럼 대통령과 참모들이 가까이서 어깨를 맞대고 일할 수 있도록 재배치해야 합니다. 우리 청와대 본관은 백악관의 웨스트윙보다 큽니다. 이 쉬운 결단을 진보·보수 어느 대통령도 못 했습니다.

네 번째, "정당과 정치인의 권력을 국민에게 돌려주어야 한다", "정당의 눈치를 보지 않고 국민만 보고 소신껏 말하고 일하는, 실력 있는 인물이 살아남게 해야 한다"는 목소리입니다.

　정당과 국회의원의 기초의원·기초단체장 공천권은 폐지되어야 합니다. 지방정부는 국가 예산의 60%를 사용합니다. 5천억 쓰는 단체장은 민간으로 보면 매출 5조 원 정도의 CEO입니다. 국회의원 하부 조직원이 아니라 민생을 살리고 일자리를 만드는 단체장이 나와야 합니다. 지방자치가 정당과 국회의원의 하부조직이 아니라, 민생의 최전선으로 거듭나야 합니다.

　국회의원은 특권을 버려야 합니다. 지난해 영국 하원의 조니 머셔 의원은 런던의 비싼 집값을 감당할 수 없어서 보트에서 숙식을 해결한다는 소식도 있었습니다. 우리나라에선 상상도 할 수 없는 일입니다. 우리 국회의원의 봉급, 차량, 비서진 등 처우 수준도 영국·프랑스·독일 등 유럽 국가처럼 낮춰야 합니다.

　선거구제도 개편해야 합니다. 독일 통일을 이룬 헬무트 콜 총리는 지역구에서 한 번밖에 당선되지 못했습니다. 일본의 경제평론가 오마에 겐이치는 일본이 소선거구제를 도입하고 난 후 큰 정치인이 사라졌다고 했습니다. 이제 우리 국민은 중앙에서도 지방에서도 유능한 정치인을 가져야 합니다. 위대한 정치인을 가질 때가 됐습니다.

다섯 번째, "새 정부에서는 행정을 위한 행정이 아니라 국민을 위한 행정으로 혁신해야 한다"는 목소리입니다.

　첫째, 새로운 정책 도입을 주저하지 말되, 시범 사업 후 전국 확산이라는 안정적 개혁 시스템을 도입해야 한다는 목소리가 큽니다. 과감한 혁신이 필요합니다. 대표적인 경우가 경제자유구역입니다. 우리나라 경제자유구역은 말뿐 경제자유가 없습니다. 중국의 경제자유구역은 우리보다 앞서 나가고 있습니다. 혁신을 하되, 갈등을 줄이는 묘수를 찾아내야 합니다. 중국의 점·선·면 전략을 배워야 합니다. 즉, 하나의 시범 사업을 통해 성과의 양면을 보고 수정하여 전면적으로 나아가는 것입니다.

　둘째, 공장 세우는 데, 투자하는 데 귀중한 시간을 허비하게 하는 정부의 인허가 업무와 정책을 분리하는 게 시급합니다. 인허가 장애 때문에 3, 4년씩 걸려서는 나라의 장래가 없습니다. 많은 행정 전문가들이 획기적으로 개선하는 안을 말씀해 주셨습니다. 인허가 전담부서를 두고 원스톱으로 처리하는 시스템을 마련하면 일대 혁신이 일어날 수 있습니다. 인허가 시스템의 뿌리부터 바꾸어야 합니다. 핀테크도 뒤지고 있습니다. 드론산업도 뒤지고 있습니다. 모두 기득권을 지키는 인허가와 관련이 있습니다. 법이 기술의 진보를 따라가지 못합니다. 신기술이 나오면 먼저 시행하고 오류를 바꾼다는 전향적인 행정만이 미래를 만들 수 있다는 지적이 참 많았습니다. 규제개혁위원회가 20년째 해도 성과가 적습니다. 발상의 전환이 필요하다는 것이 기업인과 공직자의 공통된 생각이었습니다.

셋째, 정부 사업에 대해 평가하고 책임지는 시스템이 필요합니다. 전임자의 정책 중 핵심적인 것, 예산이 투입된 것은 계속 추진해야 합니다.

넷째, 능력 있는 인사들의 기용과 꾸준한 재교육이 나라의 장래를 좌우합니다. 공직 인사는 실력 중심, 평가 중심으로 바꾸어야 합니다. 인사는 만사입니다. 일정 직급 이상은 업무 후 연수기간을 반드시 가져야 합니다. 연수기간에는 그간 잘한 점, 부족한 점을 평가해야 합니다.

다섯째, 국민의 다양한 제안과 에너지를 행정 혁신에 접목시킬 온라인 정무장관이 필요합니다. 밀실 행정이 아니라, 대통령이 각료들과 함께, 또 각료들이 야당 정치인, 전문가, 시민들과 함께 머리를 맞대고 토론하고 의사 결정하는 행정의 구현이 진정한 협치입니다.

여섯 번째, 경제는 알파이자 오메가입니다.

"국민과 기업을 분열시키는 것이 아니라 국민과 기업에게 희망을 줄 수 있는 경제 시스템을 만들어야 한다"는 목소리도 큽니다. 경제는 나라의 근본입니다. 경제 상황을 실시간 체크하고 대응할 수 있는 비상체제로 돌입해야 합니다. 핵심 중의 핵심은 일자리입니다. 한국은행도 물가뿐 아니라 고용을 최우선 과제로 삼아야 합니다. 행정은 물론이고, 예산을 집행할 때도 고용창출 목표를 정해 일자리를 늘려 가야 합니다. 또 재벌을 개혁해서 대기업도 건전해지고 미래산업이 탄생하도록 해야 합니다. 일감 몰아주기, 갑질 횡포를 근절해야 합니다.

재벌과 협력업체 간의 관계가 독일 등 선진국형으로 바뀌어 히든 챔피언이 나와야 합니다. 1천 개의 히든 챔피언이 나오면 일자리 문제, 기업 간 임금격차 문제 등 많은 문제가 풀릴 것입니다.

젊은이가 도전하고, 창업하고, 성공하는 나라를 만들어야 합니다. 미국의 실리콘밸리, 중국의 선전(深圳), 중관춘(中關村)처럼 혁신의 메카들과 젊은이들의 꿈이 연결되도록 해야 합니다. 네이버, 카카오 등이 출현했지만 알리바바, 텐센트 같은 세계적 기업이 나와야 합니다. 실리콘밸리 180만 명이 일군 기업들의 시가총액이 7조 6천억 달러에 달합니다. 우리나라 5,100만 명의 연간 국내총생산(GDP) 1조 4천억 달러의 다섯 배를 넘습니다. 우리도 아이디어와 기술이 있으면 몇 번이고 실패하더라도 마침내 성공할 수 있는 사회 시스템을 만들어야 합니다. 대학이 중심이 되어 정부, 기업, 연구소가 힘을 합쳐 혁신 생태계를 만드는 것이 4차 산업혁명에 슬기롭게 대처하는 중요한 도전과제입니다.

일곱 번째, "새 대통령은 세금 집행 시스템을 완전히 바꾸어야 한다"는 목소리도 새겨들어야 합니다.

수백억 원을 들인 새빛 둥둥섬은 그저 둥둥 떠 있기만 합니다. 수조 원이 들어간 새만금은 아직 빛을 보지 못하고 있습니다. 수천억 원이 들어간 지방공항은 이용객이 적어 적자에 허덕이고 있습니다.

전국 방방곡곡이 축제인데 아직 뭔가 부족하다고 느끼시죠. 지자체는 빚이 많은데, 청사는 나날이 새 건물로 바뀌고 있습니다. 보도블록은 수도 없이 뜯겨 나가고, 외제차를 타고 다니는 생활보호대상자도 있습니다. 다른 한편에선 정부의 도움을 받지 못한 채 추운 겨울을 냉골에서 지내는 노인분들도 계십니다. 민간회사라면 이런 돈 낭비와 비효율은 어림없는 일입니다. 자기 돈 같으면 그렇게 쓰겠습니까. 지갑에 한 번 들어와 보지도 못하고 원천징수라는 명목으로 빠져나간 국민의 세금입니다. 세금을 쓰는 시스템을 완전히 바꾸어야 합니다.

여덟 번째, "교육에 나라의 장래가 달려 있다"는 목소리입니다.

학생들부터 부모들, 학자들, 국가 원로분들까지 한목소리로 "첫째도 교육, 둘째도 교육"을 강조했습니다. 아이도, 학생도, 선생님도, 학부모도 녹초가 되었습니다. 중산층은 노후 준비를 포기하고 아이들에게 인생 전체를 투자하고 있습니다. 이렇게 열심히 키웠건만, 좌절이 너무 큽니다. 살인적인 교육 환경 때문에 아이 낳기가 무섭습니다.

문명 중심에는 늘 학교가 있었습니다. 그리스에는 플라톤의 아카데미가 있었습니다. 중국에는 태학, 공자의 학교가 있었습니다. 르네상스에는 살라망카 대학이 있었습니다. 산업혁명에는 영국 왕립아카데미, 옥스퍼드가 있었습니다. 미국에는 하버드 목사가 세운 하버드, 실리콘밸리를 만든 스탠퍼드가 있었습니다. 오늘날 미국의 힘은 교육의 힘입니다. 교육에 국가 최우선 순위를 두고 대대적인 투자를 해야 합니다. 그래야 최고의 선생님이 학교로 오고, 최고의 교육 시스템이 아이들과 함께 할 수 있습니다. 아이들도 살고, 선생님들도, 학교도 사는 길입니다. 아이를 낳아 가정이 유지되고 나라가 바로 서는 길이기도 합니다.

대한민국이 일류가 되려면 교육이 일류가 되어야 합니다. 더 이상 물러 설 수 없는 국가 최대의 개혁과제입니다. 교육은 정책의 일관성이 있어야 하고 다양한 합의가 있어야 개혁이 가능합니다. 그래서 가장 어려운 과제입니다. 하지만 교육 문제를 해결하지 않고는 선진국으로 나아갈 수 없습니다.

디지털 시대에 맞는 세계 최고의 교육방안을 찾아내기 위해 몇 가지를 생각해 봅시다. 우선 지능의 80%가 0세부터 8세 사이에 결정된다고 합니다. 천재는 5세 이전에 발견되어야 크게 성장할 수 있습니다. 그래서 0세부터 8세까지를 맡는 최고의 선생님이 있어야 합니다. 선생님들의 처우를 개선해 주고, 최고의 교원 충원 시스템을 갖춰야 합니다. 아울러 국가의 모든 공유 재산을 교육에 최우선적으로 활용할 수 있는 방안을 만들어야 합니다. 학교는 사라지지 않을 것입니다. 그러나 그 기능은 많이 바뀔 겁니다. 이미 온라인상에 수많은 학교와 지식이 만들어지고 있습니다. 수많은 전문가들이 아이들 수업에 동참하도록 하고, 다양한 프로젝트 수업과 혁신학교가 만들어지도록 해야 합니다. 대학은 인근의 초·중·고와 연계되어야 합니다.

개천에서 용이 나지 않는 나라는 제대로 된 나라가 아닙니다. 교육부는 대학에서 손을 떼고, 최고의 인재가 교육 현장에 갈 수 있는 시스템을 갖춰야 합니다. 교육자치와 지방자치를 통합해 지방정부의 돈이 교육으로 흘러가도록 해야 합니다.

청사는 나중에 지어도 되는 것 아닙니까. 도로는 나중에 닦아도 되는 것 아닙니까. 다시 한 번 강조하지만, 국가 지도자가 나라의 명운을 걸고 교육에 매달려야 합니다.

아홉 번째, "강한 군대로 자주 국방력을 키우고, 유익한 군대로 만들어 청년들의 땀과 시간을 소중히 쓰게 하자"는 목소리도 큽니다.

　우리도 이제는 국제사회가 납득할 수 있는 선에서 침략 저지를 위한 결정적인 방위 무기와 국방시스템을 갖추어야 합니다. 또 군대 다녀온 게 허송세월이 아니라 청년들 인생에 도움이 되도록 바꿔야 합니다. 군 경험을 미래에 대한 투자로 여길 수 있도록 바꿔야 합니다. 강하기로 소문난 이스라엘의 군대는 벤처의 훈련기지이기도 합니다. 우리도 못할 게 없습니다.

마지막 열 번째는, "한시도 통일을 잊어서는 안 된다"는 목소리입니다. 참으로 어려운 일입니다.

　하지만, "운전대를 잡은 사람은 멀미를 하지 않습니다. 동북아 평화, 한반도 통일의 운전대를 우리가 잡읍시다. 용기를 가져야 합니다." 역사학자와 종교 지도자분들의 말씀입니다.

　"서독의 동방정책은 분단을 기정사실로 하는 정책이었습니다. 그런데 상호신뢰 증진을 위한 분단정책이 통일의 밑거름이 되었습니다."

　"양극단에서 벗어나야 합니다. 그 양극단은 통일지상주의와 북한 고립을 통한 붕괴론입니다." 학계 전문가들의 말씀입니다.

　"통일은, 인구 8천만 나아가 인구 1억의 한반도가 탄생하는 것을 의미합니다. 독일보다 인구가 많은 나라가 탄생하는 것을 의미하는 것입니다." 현실적으로 생각하는 많은 분들의 절절한 목소리입니다.

　통일을 위해서는, 첫째, 가장 먼저 대화의 물꼬를 터야 합니다. 전쟁

중에도 대화는 합니다. 미국의 존 F. 케네디 대통령이 말했습니다.

"대화를 구걸할 생각도 없지만, 대화를 두려워하지도 않는다."

남북정상회담을 해야 합니다. 퍼주기 시비, 뒷거래 시비가 없도록 해야 합니다. 그리고 무엇보다 국제사회의 지지가 있어야 합니다. 4대 강국의 지도자들을 직접 만나 대화를 해야 합니다. 한반도의 평화와 통일에 큰 관심을 보여 준 교황께도 호소해야 할 것입니다.

둘째, 통일의 전기를 만들어야 합니다. 다가오는 평창 동계올림픽을 잘 활용할 수 있으면 좋겠습니다. 역대 노벨평화상 수상자들과 역대 유엔 사무총장들이 북한을 통과하여 판문점을 거쳐 평창으로 성화를 봉송하는 프로젝트를 만들 수도 있을 것입니다. 또 금강산과 DMZ 사이에 세계평화 관련 기구를 유치하는 방안도 생각해 볼 수 있습니다. 그리고 접경지역인 경기도 파주에 세계의 자본을 유치하여 국제평화공단을 설립할수도 있을 것입니다. 파생적으로 수도권 규제완화의 효과를 낳기도 할것입니다.

셋째, 경제와 문화를 교류해야 합니다. 이는 긴 시간에 걸쳐 꾸준히 진행해야 하는 일입니다. 중국과 대만 수준의 경제교류를 지속해야 합니다. 마셜 플랜은 전범국이던 독일을 고립시키는 것이 아니라 부흥시킴으로써 유럽의 기틀을 다시 세우는 데 공헌했습니다.

넷째, 동북아 경제협력, 환경협력, 문화협력의 시대를 열어 가야 합니다. 불행하게도 주변 강대국이 모두가 축복할 때 통일은 가능합니다. 그시기와 과정은 우리가 만들어 내야 통일이 가능해집니다.

지금까지 제가 경청을 거듭하면서 이해한 국민의 소망을 열 가지 정도로 개략적으로 소개해 보았습니다. 하나하나 큰 이슈이고 합의를 거쳐 실행에 옮기는 것은 더 큰 일이지만 나라를 바로 세우는 데 지나쳐서는 안 되는 문제들입니다.

지금부터는 우리가 당면한 몇 가지 중요한 명제를 제기하고 싶습니다.

첫 번째는 중진국 함정(*middle-income trap*) 입니다.

대한민국은 GDP 1조 4천억 달러의 세계 11위 경제대국입니다. 하지만 1인당 국민총소득(GNI) 은 2만 8천 달러로, 3만 달러의 벽 앞에 벌써 10년 넘게 정체해 있습니다. 싱가포르가 10년 전 2만 8천 달러에서 지금 5만 6천 달러로 훌쩍 성장한 것에 비추어 볼 때 무언가 잘못되어 있음을 알 수 있죠.

무엇이 문제일까요? 우선 규제, 폐쇄성 등 정책의 문제가 있습니다. 그보다 더 중요한 원인이 있죠. 미국 정치경제학자인 프랜시스 후쿠야마가 지적했듯이 이른바 신뢰(*trust*) 라는 사회적 자본의 결여입니다.

자, 이번 최순실 게이트를 봅시다. 검사가 기소를 하면 무언가 정치적 이유가 있을 것이라 의심합니다. 판사가 구속영장을 기각하면 '유전무죄, 무전유죄'가 아닐까 생각합니다. 사법부가 불신을 받고 있는 거죠.

블랙리스트는 또 어떻습니까. 정부가 문화인을 좌우와 내 편, 네 편으로 갈라서 관리한 거죠. 정부 인사나 세월호 참사, 개성공단 폐쇄, 사드 배치결정 과정 등 주요 사안에 대해 석연치 않은 구석이 있었지만, 각료나 청와대 수석들이 이의를 제기하지 못했습니다. 여야 정치인이나 언론도 충분한 역할을 했다고는 할 수 없죠. 또 기업은 세무조사 등 보복에 대한 두려움 때문에 부당한 압력에 굴복했습니다. 이러한 관행이나 행태, 문화가 우리가 선진국 대열에 합류하지 못하고 3만 달러 문턱을 넘지 못하는 중요한 원인입니다.

이번에는 우리 모두가 자신을 둘러보고 고쳐 나가야 합니다. 지도자를 잘 뽑고 감시해야 합니다.

학자들이 적시한 선진국의 공통요인(*frontier technologies*)이 몇 가지 있습니다. 법 제정의 효율성과 사법부의 독립성, 정책 결정의 투명성, 부패 방지 수준, 정치인에 대한 공공의 신뢰성입니다. 이러한 사회적 자본, 즉 신뢰가 서지 않을 때 선진국 진입은 어렵습니다.

창피한 통계를 하나 말씀 드리겠습니다. 세계경제포럼(WEF)에서 발표한 자료에 의하면 사법부 독립성 69위, 정부정책결정 투명성 123위, 정치인 신뢰도 94위입니다.

정책도 중요하지만 우리 정치문화는 타협과 협치를 허용하지 않습니다. 뻔히 답을 알고도 포퓰리즘, 이념지상주의, 지역이기주의 때문에 나라를 걱정하기보다는 다음 선거를 걱정합니다.

이번에도 대선 놀음에 서비스 분야의 규제를 푸는 서비스산업발전기본법이며 노동개혁을 위한 노동관계법, 드론·자율주행차 등의 규제를 풀어줄 규제프리존 특별법 등 일자리를 늘리고 미래에 대비하는 민생법안 처리에는 관심이 없습니다.

우리는 그렇게 한가한 때가 아닙니다. 청년실업자 43만 명에 각종 시험 준비생과 대졸 유예자 등을 합치면 모두 80만 명 넘는 젊은이들이 일자리를 찾지 못하고 있습니다. 지능혁명으로 불리는 4차 산업혁명이 진행되면서 우리뿐 아니라 전 세계가 일자리 문제에 직면해 있습니다. 융복합 기술의 발달로 기술이 사람을 대체하고 있습니다. 많은 직업군이 존재 자체를 위협받고 있고, 그 결과 새로운 일자리보다 사라지는 일자리가 더 많은 상황입니다. 일찍이 제레미 리프킨이 《노동의 종말》에서 예견한 현상입니다.

중진국 함정은 무섭습니다. 선진국 문턱을 넘지 못하고 오랜 세월이 가면 중진국도 유지 못하고 다시 후진국으로 전락합니다. 아버지보다 못사는 자식세대가 출현합니다. 청년층은 무력감과 자포자기로 절망적 삶을 맞게 됩니다. 우리 사회의 3대 부조리, 즉 불공정, 불균등, 불확실은 불신, 불만, 불안을 낳고 이런 절망을 더 깊게 만들 것입니다. 하루속히 국가를 개조해 해결해야 할 우리 앞에 놓인 난제입니다.

두 번째는 남남갈등 문제입니다.

우리 사회 곳곳에 이념·지역으로 갈라선 진영논리가 판을 칩니다. 줄서기를 강요하는 패거리 문화가 상존합니다. 요즈음은 전 세계가 이 모양입니다. 미국도 취임 한 달도 안 된 도널드 트럼프 대통령 탄핵 이야기가 나올 정도입니다. 원불교법이 하루 빨리 우리나라와 전 세계에 뿌리 내려야겠습니다.

저는 남남갈등의 뿌리에는 남북 문제에 관한 견해차가 큰 몫을 한다고 생각합니다. 독일이 통일을 이룰 수 있었던 것은 좌우 정권이 일관되게 이른바 동방정책을 20년 이상 추진한 덕분입니다. 한스 디트리히 겐셔라는 녹색당의 외상이 무려 18년간 복무하며 통일정책을 이끌었습니다.

우리는 동족상잔을 겪었고 120만 군대와 핵으로 무장한 북을 상대하고 있습니다. 여야가 합의하고 국민이 추인하는 대북정책을 일관되게 추진해서 평화를 정착시키고 통일을 준비해야 합니다.

한반도의 평화적 관리 없이 지속적 경제번영은 가능하지 않습니다.

여야가 하나의 대북정책을 합의할 수 있을 때 주요 경제이슈에 관한 합의를 도출할 수 있고 우리가 당면한 일자리, 저출산 고령화, 양극화 등 난제를 타결해 나갈 수 있습니다.

여러분, 우리 아이들을 후진국에 살게 할 순 없습니다. 대한민국은 후진국에서 시작해 지금 선진국 문턱에 있습니다. 하지만 더 이상 앞으로 나아가지 못하고 있습니다. 우리 후손들이 후진국에 살게 될지도 모른다는 두려움이 있습니다.

그래서 이번에는 대통령을 잘 뽑아야 합니다. 그러나 우리 국민은 대통령 한 사람만으로 안 된다는 것을 뼈저리게 느끼고 있습니다. 좋은 정책과 사람, 시스템이 필요하다는 것을 잘 압니다. 지긋지긋한 정쟁을 끝내고 여야가 힘을 모으길 기원하고 있습니다. 국가 통합이 생존 전략이 되어야 살아남을 수 있습니다. 분열의 늪에서 벗어나지 못하면 이 나라의 미래는 더 어두워질 뿐입니다.

예수님도 "분열된 땅 위엔 아무것도 지을 수 없다"고 하셨습니다. 누가 대통령이 되느냐보다 중요한 게 나라를 바로 세우는 일입니다. 국가의 시스템을 바로잡고, 남남갈등과 남북갈등을 극복하고 대통합을 통해 앞으로 나아가야 합니다.

여러분, 지금은 태풍전야의 위기이지만 기회이기도 합니다. 태풍은 바닷속을 대청소하는 기회가 되기도 합니다. 모두가 힘을 모아 국가를 개조할 수 있는 절호의 기회인 것입니다.

저는 작년 12월에 책을 한 권 냈습니다. 책 제목을 무엇으로 할까 무척 고민하다가 《우리가 있기에 내가 있습니다》라고 지었습니다.

이 말은 남아프리카 반투어로 하면 '우분투'라고 합니다. 서로에 대한 존중과 사랑을 전하는 인사말이자, 우리는 함께 손을 잡고 힘을 합쳐야 살아갈 수 있는 존재임을 알려 주는 말이기도 합니다.

남남갈등, 남북갈등, 세대갈등, 당파싸움, 종교갈등과 민족갈등을 넘어 이 모든 문제를 '우분투' 정신으로 함께 극복해야 할 것입니다.

한 사람이 의미 있는 일을 하면 그걸 보고 주변 사람이 동화되어 의미 있는 일에 동참합니다. 그렇게 고리와 고리로 단단하게 결속되어 나갑니다. 우리 모두 자신의 위치에서 지혜와 용기를 모아 이 어려움을 돌파할 수 있다는 믿음을 가지고, 우리가 함께하기에 내가 있다는 우분투 정신으로 함께하길 바랍니다. 저 또한 한 언론사를 대표하는 사람으로서 엄중한 위기를 희망의 기회로 바꾸는 데 최선의 노력을 다하겠습니다.

경청해 주셔서 대단히 감사합니다.

중앙미디어네트워크 회장 홍석현

제 4차 6자회담
공동성명 전문

월드컬처오픈(WCO)이란?

제 4차 6자회담 공동성명 전문

2005. 9. 19, 베이징

제 4차 6자회담이 베이징에서 중화인민공화국, 조선민주주의인민공화국, 일본, 대한민국, 러시아연방, 미합중국이 참석한 가운데 2005년 7월 26일부터 8월 7일까지 그리고 9월 13일부터 19일까지 개최되었다.

우다웨이 중화인민공화국 외교부 부부장, 김계관 조선민주주의인민공화국 외무성 부상, 사사에 켄이치로 일본 외무성 아시아대양주 국장, 송민순 대한민국 외교통상부 차관보, 알렉세예프 러시아연방 외무부 차관, 그리고 크리스토퍼 힐 미합중국 국무부 동아태 차관보가 각 대표단의 수석대표로 동 회담에 참석하였다.

우다웨이 부부장은 동 회담의 의장을 맡았다.

한반도와 동북아시아 전반의 평화와 안정이라는 대의를 위해, 6자는 상호존중과 평등의 정신하에, 지난 3회에 걸친 회담에서 이루어진 공동의 이해를 기반으로, 한반도의 비핵화에 대해 진지하면서도 실질적인 회담을 가졌으며, 이러한 맥락에서 다음과 같이 합의하였다.

1. 6자는 6자회담의 목표가 한반도의 검증 가능한 비핵화를 평화적인 방법으로 달성하는 것임을 만장일치로 재확인하였다.

조선민주주의인민공화국은 모든 핵무기와 현존하는 핵계획을 포기할 것과, 조속한 시일 내에 핵확산금지조약(NPT)과 국제원자력기구 (IAEA)의 안전조치에 복귀할 것을 공약하였다.

미합중국은 한반도에 핵무기를 갖고 있지 않으며, 핵무기 또는 재래식 무기로 조선민주주의인민공화국을 공격 또는 침공할 의사가 없다는 것을 확인하였다.

대한민국은 자국 영토 내에 핵무기가 존재하지 않는다는 것을 확인하면서, 1992년도 〈한반도의 비핵화에 관한 남·북 공동선언〉에 따라, 핵무기를 접수 또는 배비하지 않겠다는 공약을 재확인하였다.

1992년도 〈한반도의 비핵화에 관한 남·북 공동선언〉은 준수, 이행되어야 한다.

조선민주주의인민공화국은 핵에너지의 평화적 이용에 관한 권리를 가지고 있다고 밝혔다. 여타 당사국들은 이에 대한 존중을 표명하였고, 적절한 시기에 조선민주주의인민공화국에 대한 경수로 제공 문제에 대해 논의하는 데 동의하였다.

2. 6자는 상호 관계에 있어 국제연합 헌장의 목적과 원칙 및 국제관계에서 인정된 규범을 준수할 것을 약속하였다.

조선민주주의인민공화국과 미합중국은 상호 주권을 존중하고, 평화적으로 공존하며, 각자의 정책에 따라 관계정상화를 위한 조치를 취할 것을 약속하였다.

조선민주주의인민공화국과 일본은 평양선언에 따라, 불행했던 과거와 현안사항의 해결을 기초로 하여 관계정상화를 위한 조치를 취할 것을 약속하였다.

3. 6자는 에너지, 교역 및 투자 분야에서의 경제협력을 양자 및 다자적으로 증진시킬 것을 약속하였다.

중화인민공화국, 일본, 대한민국, 러시아연방 및 미합중국은 조선민주주의인민공화국에 대해 에너지 지원을 제공할 용의를 표명하였다.

대한민국은 조선민주주의인민공화국에 대한 200만 킬로와트의 전력공급에 관한 2005. 7. 12자 제안을 재확인하였다.

4. 6자는 동북아시아의 항구적인 평화와 안정을 위해 공동 노력할 것을 공약하였다.

직접 관련 당사국들은 적절한 별도 포럼에서 한반도의 항구적 평화체제에 관한 협상을 가질 것이다.

6자는 동북아시아에서의 안보협력 증진을 위한 방안과 수단을 모색하기로 합의하였다.

5. 6자는 '공약 대 공약', '행동 대 행동' 원칙에 입각하여 단계적 방식으로 상기 합의의 이행을 위해 상호 조율된 조치를 취할 것을 합의하였다.

6. 6자는 제 5차 6자회담을 11월 초 북경에서 협의를 통해 결정되는 일자에 개최하기로 합의하였다.

월드컬처오픈(WCO)이란?

"월드컬처오픈은 더불어 함께 행복한 세상을 꿈꾸며
다양한 공익적 시도를 펼쳐 가는 공익활동가들의 네트워크이자
글로벌 크리에이티브 탱크입니다."

나라와 나라, 이념과 종교, 인종의 벽을 넘어서서 세계인이 다 같이 행복
해지는 방법이 무엇일까.

　월드컬처오픈은 1999년, 21세기 공감(*empathy*)과 협업(*collaboration*)
이 중시되는 지구촌 시대의 도래를 맞이하여 인류 공통의 바람인 '더불어
함께 행복한 세상'을 향한 다양한 생각과 실천적 아이디어를 교류하는 문
화연구에서 시작되었습니다.

　문화로 무엇을 하기에 앞서 먼저 문화가 무엇인지, 어떻게 문화로써
우리가 함께할 수 있을지 고민하는 것에서 연구는 시작되었습니다.

세상 70억 인구는 저마다 고유한 문화를 가지고 있습니다. 지역에 따라
시대에 따라 그 모양과 색상은 다르지만 각각의 문화는 건강하고 아름답
고 멋진 삶, 함께 어울려 행복하게 살고자 하는 인류 공통의 바람을 담고

있습니다. 세계인들이 인류 공통의 코드인 문화를 소재로 서로 소통하고, 교류하고, 문화를 통해서 화합할 수 있다면 좋지 않을까. 그런 무대가 만들어져 신명 나는 어우러짐이 연출되면 전쟁과 기아, 폭력과 테러, 온갖 배타적이고 적대적인 행위들을 넘어서 인류가 평화와 화합의 하모니를 만들어 낼 수 있지 않을까. 문화로 세상을 변화시킬 수 있지 않을까.

이미 크고 작은 문화교류는 국가나 민간 차원에서 이루어지고 있습니다. 하지만 이제 시작입니다. 함께 살아가야 하는 21세기 지구촌은 소통과 교류, 이해와 존중이 과거 어느 때보다 더욱 절실합니다. 세계인들이 정말 마음을 활짝 열어 서로를 마주하고, 서로 다름을 가슴 깊이 인정하고, 나아가 공존을 위한 진정한 협력을 이끌어 내려면 어떤 계기가 만들어져야 할까? 문화를 대상으로, 문화를 소재로, 문화를 매개로, 서로 마음이 통하는 공감과 협업이 가능하도록 돕는 열린 마당, 넓은 플랫폼일 것입니다.

이후 월드컬처오픈은 각 지역의 숨은 재능인들을 찾아 소개하는 소셜네트워킹 프로젝트를 온라인에서 진행하기도 했고, 이렇게 연결된 문화예술인들과 단체들을 세계 각국으로부터 초청하여 2004년 뉴욕에서 '월드컬처오픈 글로벌 페스티벌'을 개최했으며, 2006년에는 유엔개발기구와 함께 아프리카의 창의적 잠재력을 통해 경제발전을 모색하자는 취지의 '아프리카 문화장관회의'를 르완다에서 개최하기도 했습니다. 2001년에 시작한 공간나눔운동은 도심 속의 유휴공간을 시민들과 연결하며 워싱턴, 뉴욕, 베이징, 상하이, 서울, 제주 등 다양한 도시로 전파되어 지금까지 수십만 명이 넘는 지역민들이 자신들의 문화를 향유하고 발전시키는 데 보이지 않는 역할을 하기도 했습니다.

그 외에도 2017년 현재까지 북미, 아프리카, 동남아시아, 중국 등지에서 유엔을 포함한 국내외 기관 및 전 세계 다양한 지역의 무수한 활동가들과 함께 세계 문화교류, 지역 기반 문화나눔운동, 국제적 문화지원 사업들을 크고 작게 전개해 오며, 문화를 통해 세계인들이 모여 공감할 수 있는 크고 작은 열린 마당들을 만들어 왔습니다.

이 과정을 통해 우리는 문화라는 씨앗이 세계인의 가슴에 심어져 폭력과 이기심, 종교와 이념, 민족 간의 갈등을 풀어내는 향기 나는 꽃으로 자라길 희망했습니다. 총이 아닌 꽃으로 우리에게 아픔을 주는 세상의 벽들이 허물어지길 바랐습니다.

이렇게 지난 18년간 문화적 교류와 공감, 나눔과 소통을 목표로 하는 크고 작은 프로젝트를 전개해 오며 월드컬처오픈은 공익을 추구하며 창의적으로 활동하는 다양한 실천가들을 만나게 되었습니다.

자신만의 열정과 창의력을 가지고 고정관념을 뛰어넘어 뭔가 다른 변화를 추구하는 사람들, 이념적, 사회적 차별의 경계를 넘어 편견 없는 시선으로 세상을 바라보며 주변을 돌아보는 사람들, 너와 내가 연결되어 있고 이 세상이 하나처럼 연결되어 있음을 알기에, 나의 생각과 행동 하나하나가 더 이상 혼자만의 선택이 아님을 알고 작더라도 좋은 향기를 내고 좋은 영향력을 퍼뜨리기 위해 노력하는 사람들. 이미 세상 곳곳에서 자신의 문화로 더 나은 세상을 디자인하고 있는 '컬처디자이너'들입니다.

이들이 함께 행복한 세상을 향한 자신만의 열정을 당당하게 펼쳐 나가며 서로 창의적으로 교류해 갈 때, 진정한 공감과 협업의 문화를 바탕으로 나라와 나라, 이념과 종교, 인종의 벽을 넘어 세계인이 다 같이 행복해지는 길을 함께 만들어 나갈 수 있지 않을까요?

월드컬처오픈은 세상을 바꾸어 나가는 지구촌의 컬처디자이너들을 지속적으로 발굴, 조명하고, 서로 교류할 수 있도록 응원하고 지원하며, 그들의 공익적 열정이 더 큰 공감으로 연결되고 확산되기를 기대합니다.

　'한 사람의 꿈은 그냥 꿈이지만 모두가 함께 꿈꾸면 그것은 현실이 된다'고 하듯, 세상을 바꾸어 나가는 컬처디자이너들의 글로벌 네트워크를 만들어 나가고, 다 함께 지구촌의 다양한 도전과제에 대해 창의적으로 솔루션을 모색해 나가는 것, 그것이 월드컬처오픈의 나아갈 길입니다.

———

더불어 함께 행복한 세상은 우리가 함께 만들어 갈 때 비로소 가능합니다.
그리고 더욱 가치가 있습니다.
과거 어느 때보다 더, 지구라는 한 지붕 아래 살고 있는 우리는 서로 손을 맞잡고 마음과 마음을 맞닿으며 함께 노력해야 합니다.

월드컬처오픈은 지난 18년 동안 한길을 걸어 왔습니다.
공감과 협업의 시대를 맞이하여,
'함께하기에 아름다운 지구촌' 만들기에 부지런히 동참하겠습니다.

———

월드컬처오픈(WCO)이란?

월드컬처오픈이 걸어온 길 18년

1999~2001 운동의 시작

- WCO 뉴 밀레니엄 문화 프로젝트 출범, 1999.
- 문화·예술 소셜네트워킹 사이트 론칭, 2000.
- 공간나눔운동 C!here(당시 Open Center) 론칭, 2001, 메릴랜드, 뉴욕.

2002~2004 세계를 향한 인사

- World Culture Open Day 지정, 2003, 워싱턴 D. C.
- WCO Global Festival 사전 대회, 2003, 워싱턴 D. C. , 서울.
- 산학협력 지원, 2004, International Center for Transcultural Education, University of Maryland Center for the Study of Global Issues, University of Georgia.
- 공간나눔운동 C!here 론칭, 2003, 서울.
- 새천년의 꿈 콘서트, 2004, 뉴욕 카네기홀.
- WCO Fair, 2004, 뉴욕.
- World Culture Open Day 지정, 2004, 뉴욕.
- WCO Fair in Beijing, 2004, 베이징 인민대회당.
- WCO Awards 제정, 2004, Jose Antonio Abreu 박사 및 El Sistema 지원.
- WCO Youth Seminar, 2004, UNESCO 공동개최, 서울.
- 국제 문화장관 회의, 2004, 뉴욕.
- 제1회 WCO Global Festival, 2004, 뉴욕, 서울.

2005~2007 지구촌의 다양한 문제를 함께 고민하다

- 세계합창대회, 2005, 뉴욕 링컨센터.
- UNFAO(세계식량기구) 지원, 2005, 세계식량기구 기아퇴치운동 캠페인 후원.
- Indonesia Aceh Project, 2005, 쓰나미 재해 지역 인도네시아 아체 문화재건 프로그램 지원.

- UN DPI/NGO Conference, 2005, "A New Paradigm for Security" 포럼 개최, 뉴욕.
- 르완다 HIV 고아를 위한 문화지원 프로젝트, 2006.
- WCO International Creative Economy Conference for Development, 2006, UNDP/South-South Cooperation 공동개최, 키갈리.
- 아프리카 문화장관 회의, 2006, 키갈리.
- WCO-FESPAD, 2006, 르완다 문화부와 개최협력, 범아프리카 댄스 축제, 키갈리.
- UN Global Youth Summit, 2006, UNOSDP와 개최협력, 뉴욕.
- Youth United Against Malaria Concert, 2006, 말라리아 퇴치 캠페인 콘서트, 뉴욕 유엔본부 총회장.

2008~2011 동아시아 지역에 운동의 씨앗을 퍼뜨리다
- WCO 아시아미래전략포럼, 2008, 베이징.
- C!here Expo, 2008, 뉴욕.
- 공간나눔운동 C!here 론칭, 2008, 베이징.
- Beijing WCO Friends Forum, 2009, 베이징.
- WCO Gala Concert, 2009, 베이징.
- 동아시아 문화교류 콘서트(한국-중국-일본-몽고), 2009~2014, 베이징, 도쿄.
- W스테이지 문화 인큐베이팅 공간지원활동, 2010~, 서울.
- 젊은 예술가 발굴 기획공연 시리즈, 2010, 서울.
- 문화나눔 캠페인 콘서트 시리즈 론칭, 2010, 서울.
- 동일본 대지진 피해지역 돕기 후원공연, 2011, 이와테현 어린이 문화지원.

2012~2016 더불어 행복한 세상을 향한 Culture! Everyday, Everywhere
- 우즈베키스탄 페르가나 음악전문학교 후원, 2012, 페르가나.
- 지혜나눔 문화토크 콘서트 프로젝트 C!talk Beijing 론칭, 2012~, 베이징.
- C!talk Seoul 론칭, 2013~, 서울.

- WCO '21세기 대안문명을 찾아서' 연구 프로젝트 발족, 2013.
- Beijing Design Week WCO 디자이너전시 및 디자인워크숍 개최, 2013, 베이징.
- 영상미디어 교육을 통한 청년 자립 지원 프로그램 Tigwerizane 지원, 2013, 솔로본, 잠비아.
- '오픈컬처랩' 열린문화실험실 론칭 및 컬처디자인운동 발족, 2013~.
- 동아시아 문화교류 콘서트(한국-중국-일본), 프로젝트 사이, 2014, 베이징.
- 아프리카 기니 고아학교 문화지원, 2014, 카포로, 마토토, 기니.
- '지역과의 대화' 포럼 및 워크숍 시리즈, 2014~, 서울.
- 한국 대표 석학들의 '열린연단' 강연 시리즈, 2014~2017, 네이버문화재단 협력개최, 서울.
- 한국-모로코 우호 포럼 개최, 2014, 서울.
- C!here 캠페인 프로젝트 Art Crawl, 2014, 베이징.
- 컬처디자이너 발굴 및 공익문화 프로젝트 지원사업, 2013~, 공익적 문화활동가 '벌처디자이너' 발굴, 육성, 교육 시스템, co-working 인프라 및 협업 시스템 제공, 프로젝트 발굴 및 후원, 서울.
- 컬처디자인 페어 개최, 2014, 네이버문화재단 협력개최, 서울.
- 하버드 리더십 포럼 공동개최, 2015, 서울.
- 2015 제주포럼 문화세션 개최 및 제주특별자치도와 문화비전 공동선언, 2015, 제주.
- 대사관 협력 문화프로젝트 Hello, World! 개최, 2014~, 주한 모로코, 칠레, 베네수엘라, 볼리비아, 에콰도르, 니카라과 대사관, 주중 프랑스, 그리스, 아제르바이잔 대사관, 한-아랍 소사이어티, 외교부 등 협력개최, 서울, 베이징.
- C!here 캠페인 프로젝트 Art Crawl II, 2015, 베이징.
- 제주 4·3 평화포럼 '4·3 문화로 소통하다' 라운드테이블, 2015, 제주.
- ART&ASIA JEJU 2015 동아시아 예술비전 컨퍼런스, 제주특별자치도 공동주최, 2015, 제주.

- 더불어 행복한 세상을 디자인하는 컬처디자이너 발굴 캠페인, 2015~.
- 문화체육관광부-월드컬처오픈 업무협약 체결, 2016.
- 2016 한미여성리더십세미나, 2016, 주한 미국 대사관 공동주최, 서울.
- 제주포럼 문화세션 Young Leaders Culture Summit 개최, 2016, 제주.
- 컬처디자이너 페어 개최, 2016, 제주.
- 2016 제주 동아시아문화도시 교류사업 진행, 2016, 제주.
- 서울특별시-월드컬처오픈 업무협약 체결, 2016.
- 2016 코리아 컬처디자이너 어워즈, 2016, 서울.
- 라운드 테이블 디스커션 시리즈 '오픈보이스', 2016~, 서울, 제주, 베이징, 모스코바, 싱가포르.
- #beOPEN 캠페인, 2016.

2017~ 공감과 협업의 문화를 확산해 가다 "BETTER TOGETHER"

- W스테이지_제주 오픈, 2017, 제주.
- #BETTER TOGETHER 온라인 캠페인, 2017.
- Healing Fair 2017 Culture Partner, 2017.
- Better Together 강연 시리즈 '우리가 있기에 내가 있습니다' 개최, 2017, 서울.
- Better Together 어반캠프 'Beyond Textbooks' 개최, 2017, 서울.
- Better Together 워크숍 세계시민의식 시리즈 개최, 2017, 서울.
- Better Together 외국인 커뮤니티를 위한 포트락 시리즈, 2017, 서울.
- Global Bubble Parade 파트너십 및 Bubble Parade 개최, 2017, 서울, 베이징.
- C!here 캠페인 프로젝트 Art Crawl III, 2017, 베이징, 상하이.
- 놀이터 디자이너 Günter Beltzig와 편해문의 〈놀이터에서 만나자〉 전시, 2017, 서울.
- Hello Uzbekistan! 개최, 2017, 베이징.
- Hello Cameroon! 개최, 2017, 서울.

저자 약력

학력사항

1968. 2.	경기고등학교 졸업
1972. 2.	서울대 전자공학 학사
1978. 1.	미국 스탠퍼드대 산업공학 석사
1980. 4.	미국 스탠퍼드대 경제학 박사
2012. 5.	카자흐스탄 키메프대 국제관계학 명예박사
2014. 2.	세종대 공공정책학 명예박사
2016. 2.	포스텍 전자전기공학 명예박사

경력사항

1977. 3. ~1983. 3.	세계은행(IBRD) 이코노미스트
1983. 3. ~1983. 10.	재무부 장관 비서관
1983. 10. ~1985. 1.	대통령 비서실장 보좌관
1985. 4. ~1986. 9.	한국개발연구원(KDI) 연구위원
1986. 9. ~1994. 3.	삼성코닝 상무, 전무, 부사장
1994. 3. ~2005. 2.	중앙일보 사장, 발행인, 회장
2002. 5. ~2005. 2.	세계신문협회(WAN) 회장
2003. 3. ~2005. 2.	제35대 한국신문협회장
2003. 6. ~	월드컬처오픈(World Culture Open) 조직위원회 위원장
2005. 2. ~2005. 9.	제20대 주미국 대한민국 대사
2006. 12. ~2017. 3.	중앙일보 회장
2011. 2. ~2017. 3.	JTBC 회장

2011. 4. ~	중앙미디어네트워크 회장
2012. 12. ~	삼극위원회 (Trilateral Commission)
	아시아태평양위원회 부회장
2013. 1. ~2017. 5.	아시아재단 (Asia Foundation) 이사
2013. 12. ~	서예진흥위원회 위원장
2013. 12. ~2017. 1.	전략국제문제연구소 (Center for Strategic and
	International Studies) 이사
2014. 1. ~	한국기원 총재
2014. 2. ~2016. 8.	대한바둑협회장
2014. 4. ~	베르그루엔 거버넌스 연구소 21세기 위원회 멤버
	(Berggruen Institute on Governance, 21st Century Council)
2014. 7. ~2016. 6.	국제바둑연맹 (International Go Federation) 회장
2014. 8. ~2017. 5.	채텀하우스 고문 (Chatham House,
	Panel of Senior Advisors)
2016. 1. ~	경기고등학교 동창회장
2017. 4. ~	한반도포럼 이사장
2017. 5.	대통령 미국특사

수상내역

1984.	대통령 표창
1996. 5.	연세대 남녀공학 50주년 기념 특별공로상 (여성인재 양성 공로)
2016. 2.	태평양세기연구소 (PCI) 'PCI 빌딩 브릿지스 어워드 (개인 부문)'